MIKROABENTEUER

Einfach gute Outdoor-Erlebnisse vor der Haustür

Ideen
Ausrüstung
Motivation

Christo Foerster

HarperCollins®

1. Auflage: April 2019

Ungekürzte Ausgabe im HarperCollins Taschenbuch
Copyright © 2019 by HarperCollins
in der HarperCollins Germany GmbH, Hamburg
Copyright © 2018 by Christo Foerster

Umschlaggestaltung: HarperCollins Germany / Deborah Kuschel & Birgit
Tonn, Artwork Christo Foerster
Umschlagabbildung: Dudarev Mikhail / shutterstock,
Christo Foerster, siehe Fotonachweise für die Innenabbildungen
Lektorat: Thorben Buttke
Satz: GGP Media GmbH, Pößneck
Printed in Germany
Dieses Buch wurde auf FSC®-zertifiziertem Papier gedruckt.
ISBN 978-3-95967-277-1

www.harpercollins.de

Werden Sie Fan von HarperCollins Germany auf Facebook!

»Sobald du aus der Tür trittst,
liegt der schwerste Teil hinter dir.«

INHALT

Ich wollte mal wieder raus	9
Mikroabenteuer: Idee & Motivation	**19**
Ideen für Mikroabenteuer	26
Zwei Sommertage in der Eifel	30
Mikroabenteuer-Motivation	36
7 Gründe, zu Hause zu bleiben	43
Noch mehr Mikroabenteuer-Ideen	48
Draußen übernachten	**51**
Lichtermeer am Containerhafen	55
Lagern & Biwakieren: Rechtliches	58
Wo übernachten?	61
Gefahr in der Nacht: Kopfkino	66
Ausrüstung für Draußen-Nächte	71
Der Schlafsack	72
Der Biwaksack	77
Die Isomatte	79
Die Hängematte	81
Draußen unterwegs	**87**
Mikroabenteuer zu Fuß	88
Mikroabenteuer mit dem Fahrrad	94
Mikroabenteuer im und auf dem Wasser	98
Vom Dschungel zum Jungfernstieg	105
Apps für Mikroabenteurer	111
5-to-9: Feierabenteuer	113
Berge quergedacht	116
Gipfelglück am Hasselbrack	118
Mikroabenteuer mit Kindern	122
Am wilden Strand von Fehmarn	125

Mikroabenteuer mit dem Hund	130
Fotografieren und filmen	131
Ehrenkodex in der Natur	133
Survival-Basics	136

Mikroabenteuer-Küche	**143**
Frühstücksrezepte	152
Rezepte für Hauptmahlzeiten	155

Mikroabenteuer in und um Berlin	**163**
Teufelsberg und Grunewald	164
Kreisverkehr	166
Sterne im Westhavelland	168
Floßbauen auf der Spree	169
Elbsandsteingebirge to go	172
Noch mehr Ideen für Berlin	174
Weitere Infos für Berlin	176

Mikroabenteuer in und um Hamburg	**181**
Nachts im Totengrund	183
Auf die Elbinsel Pagensand	184
Rund um Fehmarn	187
Schwarze Au und Kammerbek	188
Auf dem Grünen Ring	190
Noch mehr Ideen für Hamburg	192
Weitere Infos für Hamburg	195

Mikroabenteuer in und um München	**199**
Zu Fuß an den See	201
Eine Nacht am magischen Schrecksee	202
24 Stunden am Monopteros	204
Vom Isarsprung nach Hause	206
Auf der Amper bis zur Isar	208
Noch mehr Ideen für München	210
Weitere Infos für München	211

Mikroabenteuer in und um Köln — 215

Auf dem Rhein nach Hause — 217
Mit dem Rad nach Renesse — 219
Grüngürtel-Expedition — 221
Eine Nacht in der ersten Reihe — 222
Aufs Hohe Venn — 224
Noch mehr Ideen für Köln — 226
Weitere Infos für Köln — 228

Mikroabenteuer in und um Frankfurt — 233

Altkönig-Sunrise — 235
Heimwärts auf dem Main — 237
Zu Fuß rund um die City — 239
Frühstück in Frankreich — 240
Entlang der Wisper bis zum Rhein — 242
Noch mehr Ideen für Frankfurt — 243
Weitere Infos für Frankfurt — 245

Events — 249
Anhang — 255
Fotonachweise — 267
Danksagung — 268
Über den Autor — 270

Disclaimer: In diesem Buch sind viele Ideen für Mikroabenteuer- und Outdoor-Aktivitäten aufgeführt. Deren Durchführung geschieht ausdrücklich auf eigene Verantwortung. Der Autor macht immer wieder bewusst herausfordernde Vorschläge und weist (im Rahmen der hier gegebenen Möglichkeiten) auf Gefahren hin, übernimmt aber keinerlei juristische Haftung.

ICH WOLLTE MAL WIEDER RAUS

Eine einzige Entscheidung kann alles verändern. Manchmal tragen wir sie ewig mit uns herum, manchmal müssen wir sie innerhalb von Sekunden treffen, und manchmal fällen wir sie, ohne überhaupt zu wissen, warum.

Es ist ungemütlich draußen. Ich habe mich noch nicht einmal an den Schreibtisch meines Büros gesetzt, da klingelt das Telefon zum ersten Mal: mein alter Freund Simon aus Berlin. Ich nehme ab, und es ist wie immer: Wir bringen uns auf den neuesten Stand, diskutieren kurz, aber dafür intensiv, die Freuden und Mühen der Selbstständigkeit, um schließlich festzustellen, dass wir uns unbedingt mal wieder sehen müssen. Allerdings wissen wir beide, dass wir genau das beim nächsten Gespräch wieder konstatieren werden.

Irgendetwas muss mich dann dazu bewegt haben, diese Entscheidung zu treffen. Vielleicht war sie auch einfach überfällig. Vielleicht sah ich plötzlich den Anlass, einem tiefen Bedürfnis nachzukommen. Ich weiß es nicht. Jedenfalls höre ich mich zu Simon sagen: »Pass auf, was machst du morgen früh? Hast du Zeit für ein Frühstück? Ich bin um 10 Uhr am Brandenburger Tor, mit dem Fahrrad.« »Die Zeit nehme ich mir«, sagt Simon, und damit uns nicht doch noch irgendein Grund einfällt, der dagegen spricht, beende ich das Telefonat daraufhin, so schnell es geht.

Wenn ich Entscheidungen treffe, verspüre ich eine beflügelnde Laune des Aufbruchs. Und zwar unabhängig davon, wofür, sondern einfach, weil ich mich entschieden habe. Scheiß drauf, wie klug diese Entscheidung ist. Scheiß drauf, ob sie mir am Ende vielleicht zu viel abverlangt. Solange ich mich nicht in Lebensgefahr begebe, thront die Lust auf das Machen über allen Bedenken. Genauso ist es auch jetzt. Ich bin seit Jahren nicht mehr länger als 20 Kilometer am Stück gefahren. Na und? Dann muss ich halt einfach 15-mal 20 Kilometer hintereinanderfahren. Mindestens. Hamburg–Berlin nonstop und über Nacht. Was für ein Abenteuer!

Nachdem meine Euphorie sich etwas eingependelt hat, beginne ich darüber nachzudenken, was ich für eine solche Tour überhaupt brauche. Ich muss zugeben, dass mich das Ausrüstungsthema schon immer fasziniert hat. Als kleiner Junge habe ich abends vor dem Einschlafen noch im *Globetrotter*-Katalog geblättert und Kreuze gemacht. Aber diesmal ist weder Zeit für neue Anschaffungen, noch will ich auch nur im Ansatz Raum für Ausreden bieten. Mein Rennrad ist startklar, steht im Keller. Eine gepolsterte Fahrradhose, Fahrradschuhe, Funktionsklamotten, Regenjacke, Helm – habe ich alles noch. Fahrradtasche? Ein leichter Rucksack wird es auch tun. Schlafsack, Isomatte und Co brauche ich sowieso nicht, wenn ich durchfahre, ohne mich hinzulegen.

In den nächsten Stunden begegnet mir dann genau das, was eine ursprüngliche Motivation so oft killt: Jeder, mit dem ich über die Idee der nächtlichen Tour nach Berlin spreche, hat Bedenken. »Zu gefährlich auf den dunklen Straßen.« »Die rasen doch wie die Bekloppten da im Osten.« »Zu kalt.« »Zu weit.« »Zu ...« Ja, zu was eigentlich? Ich habe das Gefühl, dass die Argumente gegen ein Abenteuer – und sei es noch so klein – in Wirklichkeit eher ein »zu anders« oder ein »zu unbequem« sind. Nicht mit mir, nicht heute. In einer solchen Situation hilft nur der Anti-anti-Modus, Pro über Kontra, »Warum nicht?« statt »Soll ich wirklich?«.

Um 16 Uhr steige ich tatsächlich auf mein Rad. Das Wetter, das ich am Morgen noch als ungemütlich empfunden habe, ist immer noch das gleiche. Aber genau wie Mut, Schönheit oder Erfolg lässt sich auch das Wetter Gott sei Dank nicht neutral bewerten. Jetzt, in freudiger Erwartung des Ungewissen, erscheint es mir eher als ehrlicher Freund, der am Ende nur mein Bestes will. Aber: Will meine Frau das auch? Eben am Telefon klang sie wenig begeistert. »Manchmal«, habe ich zuerst mir und dann ihr gesagt, »muss ein Mann tun, was ein Mann tun muss.« Das ist zwar eine Phrase, vor allem weil sie auf Frauen genauso zutrifft, aber sie ist trotzdem wahr.

Ich wohne im Westen Hamburgs. Und da Berlin im Osten liegt, muss ich zunächst einmal quer durch die Stadt. Auf dem Weg fahre ich direkt an einem großen Fahrradgeschäft vorbei und besorge mir noch schnell einen Ersatzschlauch, eine kleine Pumpe und warme, winddichte Handschuhe. So viel Ausrüstung will ich dann doch. Als ich den Laden wieder verlasse und flüchtig auf mein Handy gucke, versucht der Alltag noch einmal, mich mit einem Schlag in die Magengrube auf die Bretter zu schicken: sechs Anrufe in Abwesenheit, drei Nachrichten. Ich habe offenbar beide Auto- und Haustürschlüssel eingesteckt und meine Frau dreht (zu Recht!) durch, weil sie gerade nach der Arbeit zu Fuß die Kinder aus Schule und Kita abgeholt hat, mit ihnen zum Schwimmunterricht fahren will, aber erstens nicht ins Haus und zweitens nicht ins Auto kommt. Ganz ehrlich: Wie bescheuert muss man sein, möglichst wenig Gepäck, aber zwei dicke Schlüsselbunde einzustecken?! Aber egal, wie blöd ich bin – ich fahre jetzt nicht mehr zurück, sondern nur noch nach vorne. Der Preis für diese Einstellung liegt bei 17,50 Euro. So viel kostet das Taxi, in dem der Autoschlüssel nach Hause findet.

Ich würde das Handy gerne ausschalten, aber das geht nicht. Es ist mein Navi. *Google Maps*, Route zum Brandenburger Tor, Option »Fahrrad«. Das erschien mir am wenigsten kompliziert, um eine Strecke zu finden. Es erweist sich zwar mit der Zeit als umständlich, das Handy immer aus der Tasche fummeln zu müssen, wenn ich mir nicht mehr sicher bin, welcher Straße oder welchem Feldweg ich folgen soll, und natürlich hätte es smartere Lösungen gegeben – akustische Routenführung über Kopfhörer oder eine Handy-Halterung am Lenker –, aber ich wollte nicht raus, um mir Zeug in die Ohren zu stecken, und hey, ich bin halt einfach losgefahren.

Es ist schon dunkel, als mich mein Smartphone raus aus Hamburg nach Lauenburg führt. An einem asiatischen Imbiss halte ich an, bestelle mir gebratenen Gemüsereis und fülle meine beiden Trinkflaschen mit Leitungswasser auf. Vor mir liegt eine lange Nacht. Es beginnt zu regnen. Die Strecke, die zu diesem Zeitpunkt hinter mir liegt, wäre an jedem anderen Tag eine halbe Weltreise gewesen, heute ist sie mehr ein Aufgalopp für das, was noch kommt. Obwohl ich genau weiß, dass diese Tour mich an meine Grenzen bringen wird, dass ich richtig reintreten muss, um Simon in Berlin nicht warten zu lassen, rolle ich so entspannt und in freudiger Erwartung weiter, dass es mich selbst überrascht.

Die frische Brise, die glücklicherweise von schräg hinten kommt, tanzt in Böen mit dem Fahrtwind, auf den Straßen wird es leer. Ich fahre durch die Mecklenburgische Elbtalaue, über Boizenburg bis nach Dömitz, wo mir klar wird, dass ich ein handfestes Problem habe: nichts mehr zu trinken. Ich wollte mir die Trinkflaschen einfach irgendwo auffüllen, wenn sie leer sind, zwischendurch, an einer Tankstelle, einem Kiosk oder in einem Restaurant. Aber da war nichts. Ehrlich. Mecklenburg ist nicht Hamburg. Das habe ich wirklich unterschätzt. Hier werden die Bürgersteige extrem früh hochgeklappt. Ich habe einige Male jemanden auf seinem Grundstück oder an seinem Auto gesehen, aber jedes Mal gedacht: »Ein bisschen fährst du noch, bevor du nach Wasser fragst.« Mittlerweile ist es kurz nach 22 Uhr. Wenn ich jetzt an einer Haustür klingeln und mir tatsächlich jemand öffnen würde, dann nur mit Schrotflinte im Anschlag. So fühlt es sich zumindest an. Aber ich kann auch nicht die nächsten acht Stunden stramm weiterfahren, ohne zu trinken, bis irgendwo ein Dorfbäcker seine Rollläden hochkurbelt.

In der Hoffnung auf einen Ausweg steuere ich das unübersehbare *Hotel Dömitzer Hafen* an, das direkt am Elbdeich wie eine monumentale Landmarke in den dunklen Himmel ragt. Aber auch hier sind alle Schotten dicht. Dann sehe ich die Kisten mit dem Leergut. Im nächsten Moment stehe ich davor und hebe vorsichtig jede einzelne Glasflasche hoch. Nichts, nicht einmal ein kleiner Schluck. In diesem Laden scheint es klare Anweisungen zu geben: Jeden kleinsten Rest wegschütten, bevor die Flaschen auf den Hof wandern.

Ich fühle mich wie ein Penner. Nicht, dass das jemand falsch versteht: Das ist nichts Schlimmes. Abenteurer sind bei Licht betrachtet ja selbst nur Penner in Outdoor-Klamotten. Und eine Tour wird erst dann richtig interessant, wenn es keine Rolle mehr spielt, wo wir herkommen, weil es für diesen Moment völlig unwichtig ist. Wenn Selbstverständliches zur Herausforderung und die einfachste Lösung zur besten wird. Wahrscheinlich ist diese Penner-Assoziation aber auch nur meiner Unfähigkeit geschuldet, mich von dem freizumachen, was andere denken könnten. Ungerecht ist sie ohnehin: Obdachlosigkeit hat schließlich wenig mit Abenteuerromantik zu tun. Es ist nur so: Da, wo es richtig unbequem wird, erfahren wir oft mehr über uns selbst, als es uns lieb ist.

Es hat inzwischen aufgehört zu regnen. Dafür nähert sich die Temperatur dem Gefrierpunkt. Solange ich fahre, ist das kein Problem, nur wenn ich zu lange stehe, wird mir kalt. Also fahre ich lieber. Ich setze meine letzte Hoffnung darauf, dass es im zwei Stunden entfernten Wittenberge einen Bahnsteig mit Getränkeautomat gibt, aber ich habe schon kurz vorher Glück: In einem Gewerbegebiet höre ich Stimmen vom Hintereingang einer düsteren *McDonald's*-Filiale. Tatsächlich, zwei Mitarbeiter, die gerade abschließen wollen, füllen mir die Trinkflaschen auf den allerletzten Drücker mit Leitungswasser auf. „*Wo* willst du hin? Nach Berlin? Jetzt?" Die wenigen, oft surrealen Begegnungen gehören definitiv zu den Höhepunkten dieser Tour. Klar, im Notfall hätte ich auch aus einer Pfütze oder der Elbe trinken können. Aber dafür denke ich zu diesem Zeitpunkt doch noch zu zivilisiert.

Die nächsten Stunden sind einsam und gerade deshalb voller Magie. Stumme Landstraßen, holprige Waldwege (auf denen ich bete, dass auf *Google Maps* auch wirklich Verlass sein möge) und Wildgänse über der Elbe. Ich fahre wie in einem ewig dahinfließenden Traum, nur unterbrochen vom ständigen Anhalten und Aufs-Navi-Gucken – und dem Hund, der mich in irgendeinem Kopfsteinpflaster-Dorf aus dem schwarzen Nichts wie ein Wahnsinniger anbellt, als ich gerade direkt neben seinem Zaun bin. Ein Wunder, dass ich mich in diesem Moment auf dem Fahrrad halten kann.

Ich vermute, es ist ein evolutionär geprägter Reflex, dass der Mensch mit sich selbst zu reden oder zu singen beginnt, wenn er längere Zeit allein ist. Damit da zumindest eine Stimme ist, die ihn begleitet und ihm Mut zuspricht, auf dass er länger durchhalte. Ich erzähle und singe viel in dieser Nacht. Es ist erstaunlich, wie munter ich mich fühle.

Der Mann mit dem Hammer kommt erst kurz nachdem die Sonne aufgegangen ist. Ich habe in den vergangenen Stunden nach und nach die kalten Pfannkuchen gegessen, die ich mir von zu Hause mitgenommen hatte, und mir bei einem kleinen Bäcker für 80 Cent ein halbes belegtes Brötchen mit Ei geholt (ein Hoch auf die Preise in der brandenburgischen Provinz!). Aber obwohl die Energieversorgung stimmt, spüre ich jetzt, dass meine Beine genug haben. Die Muskulatur ächzt, die Knie zwicken, und die Achillessehnen schmerzen rechts wie links. Noch 70 Kilometer. Alles spräche dafür, sich in den nächsten Regionalzug oder Bus zu setzen, die Beine hochzulegen und sich entspannt entweder nach Berlin oder wieder nach Hause kutschieren zu lassen. Nur eines spricht dagegen: Dafür bin ich nicht durch die Nacht gefahren!

Die letzten Stunden vor Berlin wollen nicht enden: Ich fahre jetzt auf Radwegen, die immer schlechter werden, je näher ich der Hauptstadt komme. Die Anstiege ziehen sich wie Kleister, und wenn mich nicht alles täuscht, hat auch der

Wind gedreht. Ich versuche, mich damit aufzubauen, dass jeder Tritt mich nach vorne bringt und hinter jeder Kurve mehr Stadt auf mich wartet. Das Problem ist nur: Hier gibt es kaum Kurven. Die Verkehrsadern aus Westen Richtung Berliner Innenstadt verlaufen schnurgerade. Erst als ich endlich das Ortsschild passiere, bin ich sicher: Ich werde es schaffen. Bergsteiger erzählen, dass sie den schönsten Moment einer Expedition kurz vor dem Gipfel erleben, wenn sie wissen: Gleich stehe ich da oben, jetzt kann nichts mehr dazwischenkommen. So ähnlich geht es mir auch.

Um kurz vor 10 Uhr rolle ich auf der Straße des 17. Juni an der Siegessäule vorbei durch den Tiergarten. Ein Stückchen weiter sehe ich durch die kahlen Bäume den Reichstag. Ich habe eine ganz besondere Verbindung zu diesem Fleckchen Deutschland, in dem auf kleinster Fläche so viel Weltgeschichte steckt: Zum einen bin ich in West-Berlin geboren, weil meine Eltern hier die wilden 70er-Jahre verbracht haben, zum anderen verdanke ich meinen Vornamen dem Künstler Christo, der 1995 so eindrucksvoll eben diesen Reichstag verhüllte, der jetzt zu meiner Linken liegt. Es ist also nicht nur der Stolz, der mich an diesem Märzmorgen emotional werden lässt. Direkt unter dem Brandenburger Tor steige ich vom Rad. Es gibt wenig Orte, die sich besser als Ziel einer Tour eignen. So viel Symbolkraft. Vom Penner zum Helden. Mein kleiner Tacho zeigt 324 gefahrene Kilometer an.

Simon wartet schon auf mich. Ich torkele mit ihm ins nächstbeste Café und muss die Bedienung erst einmal überreden, mein Fahrrad mit reinnehmen zu dürfen. Dass ich hier an meinem Ziel ein Schloss brauchen würde, daran habe ich nicht eine Sekunde gedacht. Gut so, denn das wäre sowieso nur unnötiger Ballast gewesen. Erschöpft lasse ich mich in einen Stuhl fallen. Ich könnte ein ganzes Frühstücksbuffet leer essen, aber dann stelle ich fest, dass wir in der *Weinwirtschaft der Akademie der Künste* sitzen. Paninis gibt es erst ab

11 Uhr, aber Kuchen, der ist schon fertig. Nach drei Stücken Apfeltarte, einem großen Cappuccino und einem besonders schönen alltagsphilosophischen Feuerwerk von Simon, zu dem ich nur leise Heuler beitrage, klopfen wir uns zufrieden auf die Schultern. Ich will ins Bett.

Müde schiebe ich mein Rad zum Berliner Hauptbahnhof. Ich erfahre, dass ICEs keine Fahrräder transportieren und der nächste Eurocity kein Platz mehr für mich und meinen Drahtesel hat. Ich könnte höchstens direkt beim Schaffner fragen, heißt es im Reisecenter der *Deutschen Bahn*. Und ob ich das tue! Höflich sein, die eigene Situation erklären und dabei die Perspektive des anderen würdigen, das öffnet fast jede Tür. Wirklich. So ist es auch diesmal. Die Schaffnerin hat Verständnis, ich stelle meinen türkisblauen Blitz ins Fahrradabteil und sinke auf den Klappsitz direkt daneben.

Um 15:30 Uhr, also keine 24 Stunden nachdem ich gestern aufgebrochen war, stehe ich wieder vor meiner Haustür. Deutlich erschöpfter, aber um ein Erlebnis reicher, das mich noch lange beflügeln wird – das ahne ich schon jetzt. »Ich habe das tatsächlich durchgezogen«, denke ich, als ich den Schlüssel herumdrehe. Gute Entscheidung.

Am Brandenburger Tor in Berlin: extrem glücklich, einfach losgefahren zu sein. Mein persönlicher Mikroabenteuer-Kick-off und die Geburtsstunde des Projekts *Raus und machen*.

MIKROABENTEUER

Idee & Motivation

ie Nonstop-Tour nach Berlin hat mich körperlich ungemein gefordert. 324 Kilometer in einer Nacht – das mag für viele extrem klingen. Für andere wiederum gar nicht. Ich bin mir sicher: Jeder, der hobbymäßig halbwegs ambitioniert Rennrad oder Mountainbike fährt und bereit ist, sich durchzubeißen, schafft eine solche Strecke. Für mich war sie hart und genau richtig. Was aber viel wichtiger ist: Die Entscheidung, einfach loszufahren, hat mein Leben verändert. Das ist wirklich so. Im Grunde genommen verändert jede Entscheidung unser Leben (so wie jeder Moment ein neuer Anfang ist). Aber diese sollte dazu führen, dass mein Verständnis von Abenteuer sich wandelt.

Ich habe schon immer den Drang, loszuziehen und Unbekanntes zu entdecken. Ich frage mich manchmal, ob es eine Art Omen ist, dass auf der Karte, die meine Eltern nach meiner Geburt verschickten, über dem Foto einer riesigen Sanddüne folgender Satz stand: »Christo Foerster geht auf Entdeckungsreise«. Ehrlich gesagt: Ich glaube nicht. Wir tragen doch alle die Lust auf Neues in uns – genau wie den Instinkt, das Sichere zu bewahren. Die Frage ist nur, wann und wie stark wir das Pendel in welche Richtung ausschlagen lassen und ob es sich überhaupt noch bewegt.

Ich bin viel und weit gereist. Ich hatte und habe das Glück, als Journalist von Zeit zu Zeit durch die Weltgeschichte geschickt zu werden: Peru, Ecuador, Ägypten, Thailand, Kalifornien, Karibik. Europa sowieso. Ich war privat für viele Wochen in Ghana und Äthiopien, weil ich Lust hatte, in das Afrika jenseits der Touristenattraktionen einzutauchen – mit aller Unvernunft, die es dafür braucht. Als Student an der Sporthochschule in Köln habe ich ein ganzes Semester geschwänzt, um durch Südamerika zu tingeln, später bin ich mit meiner Frau und unseren beiden Kindern drei Monate mit einem alten Toyota durch Neuseeland gefahren.

Solche Trips sind großartig, vor allem weil die Reize so fremd sind, wenn wir uns wirklich auf Land und Leute einlassen. Aber Fernreisen sind immer auch eine Flucht, die unseren Alltag ausblendet, anstatt ihn zu verändern. Jeder, der mal länger als zwei Wochen im Urlaub war, kennt das: Wir kommen zurück wie ausgewechselt, um zwei weitere Wochen später ernüchtert festzustellen, dass doch wieder alles so läuft wie früher. Der einzige Unterschied ist oft, dass wir noch dringender wieder wegwollen.

Das passt zu einem der absurdesten Phänomene unserer Zeit: Weil wir über die digitalen Kommunikationskanäle jederzeit und überall sehen können, wie schön es woanders ist, wie erfolgreich andere Menschen sind und wie toll sie wohnen, wollen wir ständig das, was wir nicht haben. Oder wie es in England so schön heißt: »The grass is always greener on the other side.« Wir zweifeln an jeder Entscheidung, weil es möglicherweise noch eine bessere gegeben hätte! Wenn wir hier sind, zieht es uns weg, wenn wir weg sind, sehnen wir uns nach zu Hause.

Nun ist Sehnsucht nicht das Schlechteste aller Gefühle, die Portugiesen haben daraus mit der *saudade* ein ganzes Lebensgefühl gemacht; das deutsche Wort Fernweh wird genau wie seine große Schwester, die Wanderlust, mittlerweile international verwendet. Aber wir müssen verdammt noch mal aufpassen, dass uns das nicht zu Träumern werden lässt, denen das Hier und Jetzt aus den Händen gleitet.

Wie oft denken wir: »Wenn ich genug Geld, genug Urlaub, genug Mut habe, dann ...« Dann machen wir was ganz Großes, dann zeigen wir, was wir draufhaben, dann begeben wir uns auf das Abenteuer unseres Lebens. Ich habe mich in den letzten Jahren sehr intensiv mit den Themen Motivation und Persönlichkeitsentwicklung auseinandergesetzt. Ich habe in Unternehmen Vorträge gehalten, eine Coaching-Ausbildung absolviert und mit *Dein bestes Ich* sogar einen Ratgeber zum Selbstmanagement geschrieben. Aber erst die nächtliche Tour nach Berlin hat mir zwei entscheidende Dinge gezeigt: 1. MEIN bestes Ich ist draußen. 2. Abenteuer ist vor allem Machen. Es steht und fällt mit deiner Einstellung.

Bin ich bereit, loszuziehen, ins Unbekannte zu treten (oder das Bekannte völlig neu zu definieren) – oder warte ich, bis die Abenteuermuse mich irgendwann von alleine küsst? Bin ich ein Träumer, ein Schnacker, wie wir in Hamburg gerne sagen, oder habe ich wirklich Lust, da rauszugehen und verdammt noch mal anzufangen?

Schon bei der Recherche für *Dein bestes Ich* bin ich auf Alastair Humphreys und sein Buch *Microadventures* gestoßen. Der britische Abenteurer propagiert darin ziemlich genau den Ansatz, dem auch meine Berlin-Tour entsprang: mit einfachen Mitteln ohne viel Aufwand und Planung zu kleinen Abenteuern vor der Haustür aufbrechen. Ich habe diesen Ansatz mittlerweile für mich ganz persönlich adaptiert und interpretiert. Ich bin fasziniert von der Kraft, der tatsächlichen und der symbolischen, die Mikroabenteuer entfalten können. Denn sie geben uns die Möglichkeit, unseren Alltag umzugestalten. Sie schulen die Fähigkeit, das Beste aus dem zu machen, was wir haben, dort, wo wir sind. Ich bin sicher, dass das eine der wichtigsten Fähigkeiten überhaupt ist.

Mikroabenteuer stemmen sich all den Ausreden entgegen, die wir uns immer wieder zurechtlegen. Weil wir schlichtweg weder viel Geld, Urlaub noch eine Expeditionsausrüstung brauchen, um sie zu erleben. Wir können selbst zwischen zwei stinknormalen Arbeitstagen ein Draußen-Abenteuer haben. Wie gesagt, wir brauchen dafür eigentlich nur eins: die richtige Einstellung.

Es gibt keine genaue, allgemeingültige Definition des Begriffs Mikroabenteuer. Das wäre auch unsinnig, schließlich ist einer der wichtigsten Aspekte dieser Idee das spielerische und individuelle Herangehen an das Draußensein. Selbst der Begriff Abenteuer lässt sich ja schwer fassen. Ein Abenteuer beinhaltet immer die Auseinandersetzung mit etwas Neuem, das Betreten unbekannten Terrains, aber wie genau das aussieht, ist unmöglich objektiv zu beschreiben.

Für Alastair Humphreys ist ein Mikroabenteuer »ein kurzes, einfaches, lokales und günstiges Abenteuer, das gleichzeitig Spaß macht, dich herausfordert, fesselt, erfrischt und belohnt.« Ich habe gleich nach der Berlin-Tour drei Regeln aufgestellt, die ein Mikroabenteuer für mich persönlich charakterisieren und es gegen den Wochenendausflug ins Familienhotel, das Open-Air-Festival mit Freunden oder den Sonntagsspaziergang abgrenzen. Natürlich wäre es legitim, auch solche Aktionen als Mikroabenteuer zu sehen – für mich persönlich sind es keine (genauso wenig wie der Seitensprung, der ja auch als kleines Abenteuer gelten könnte).

// Meine drei Regeln für Mikroabenteuer

1. Ein Mikroabenteuer ist ein Outdoor-Abenteuer, das mindestens acht und maximal 72 Stunden dauert.

2. Ich benutze weder Auto, noch Motorrad oder Flugzeug. Öffentliche Verkehrsmittel sind erlaubt.

3. Ist eine Nacht dabei, verbringe ich sie draußen ohne Zelt.

Auf diesen – noch einmal: ganz persönlichen – Regeln basieren die Mikroabenteuer, die ich unternehme und die ich in diesem Buch empfehle. Für Menschen, die ohnehin regelmäßig und intensiv outdoor- oder gar survivalmäßig unterwegs sind, mag das nichts Neues sein. Vielleicht empfinden sie es sogar als aufgebauscht, solchen Draußen-Aktivitäten einen (neuen) Namen zu geben. Oder sie sehen es als Affront gegen die Gurus des Abenteuers, wie Reinhold Messner und Rüdiger Nehberg, der schon vor Jahrzehnten empfahl, Überlebenstraining vor der Haustür zu praktizieren. Ich habe beide getroffen und höchsten Respekt vor dem, was sie geleistet haben. Die begeisterte Resonanz, die ich auf den Ansatz der Mikroabenteuer aus meinem Umfeld von Anfang an bekomme, zeigt allerdings: Sehr viele von uns sehnen sich nach einer Draußen-Motivation, die sie dort abholt, wo sie stehen (oder eben sitzen) – und das ist oft ein voller Alltag, in dem der Drang nach Natur und Entdecken sich mehr als Sehnsucht ausdrückt denn als Tun.

Ich habe das ja an mir selbst erfahren: Wie viele Nächte habe ich schon im Zelt oder komplett draußen verbracht, wie oft bin ich durch Wälder und über Wiesen gestreift. Aber der Ansatz der Mikroabenteuer hat für mich eine ganz andere, neue Qualität. Er ist einfach unschlagbar zeitgemäß, und er motiviert mich extrem.

Die Berlin-Tour war diesbezüglich mein persönlicher Kick-off. Nicht nur zu mehr Freiheit, sondern auch zu dem Projekt *Raus und machen*, das ich kurz darauf ins Leben rief. Das Ziel dieses Projekts war es von Anfang an, meine eigenen Mikroabenteuer-Erfahrungen weiterzugeben und so viele Menschen wie möglich zu inspirieren, selbst – der Name ist in diesem Fall Programm – rauszugehen und zu machen. Es freut mich, dass das funktioniert. *Raus und machen* ist mittlerweile zu einer lebendigen Community geworden, die sich nicht nur online, sondern auch „in echt" trifft und austauscht. Tausende Menschen veröffentlichen unter dem Hashtag *#rausundmachen* mittlerweile selbst Fotos und Videos ihrer kleinen Abenteuer vor der Haustür in den sozialen Medien. In der Facebook-Gruppe *Mikroabenteuer Community* fachsimpeln die Mitglieder über Ausrüstung und Ideen und finden sich für Mikroabenteuer in ihrer Umgebung zusammen. Wenn du Lust hast, auch auf dieser Ebene ein Teil der Raus-und-Machen-Welt zu werden, dann schau gerne auf den folgenden Kanälen vorbei:

www.facebook.com/rausundmachen

www.facebook.com/groups/mikroabenteuer

www.instagram.com/rausundmachen

www.christofoerster.com/rausundmachen

In diesem Buch findest du viele Informationen, die ich persönlich für wichtig halte, wenn du zu Outdoor-Abenteuern vor deiner Haustür aufbrichst – von Ausrüstungstipps über Recherche-Tools bis zu wichtigen Telefonnummern vor Ort. Du findest zwischendurch außerdem einige Berichte meiner Mikroabenteuer-Trips. Außerdem habe ich anhand eigener Erfahrungen sowie unzähliger Gespräche mit anderen Draußen-Fans und »Locals« konkrete Touren-Ideen für Mikroabenteuer in und um die fünf größten deutschen Städte aufgeschrieben. Solltest du nicht in Berlin, Hamburg, München, Köln oder Frankfurt am Main leben oder einen Besuch dort planen, können dir diese Touren-Ideen als Inspirationsquelle dienen – egal, wo du selbst zu Hause bist. Außerdem findest du auf den nächsten Seiten auch genügend ortsunabhängige Mikroabenteuer-Ideen.

Und sollten dir nach der Lektüre noch Fragen unter den Nägeln brennen, dann ebenfalls raus damit! Entweder als Nachricht über die auf der vorherigen Seite genannten Kanäle oder einfach per E-Mail an:

mail@christofoerster.com

*Ich wünsche dir viel Spaß mit diesem Buch und
eine fantastische, unvergessliche Zeit da draußen!*

IDEEN FÜR MIKROABENTEUER

// **Ohne Zelt im eigenen Garten** oder auf dem Balkon übernachten. Wenn du weder Garten noch Balkon hast, frage einen Freund oder deine Eltern. Praktisch: Du musst dir gar nicht zwingend tausend Gedanken um die Ausrüstung machen, sondern kannst (je nach Wetterlage) einfach eine normale Matratze und Bettwäsche nehmen.

// **Wandere eine komplette S-Bahnlinie** der größten Stadt in deiner Nähe ab, von der Start- bis zur Endhaltestelle. Du kannst dir auch vornehmen, innerhalb eines Kalenderjahres alle S-Bahnlinien »deiner« Stadt komplett abzuwandern. Die Liniennetze der fünf größten deutschen Städte findest du übrigens auch in den entsprechenden Kapiteln dieses Buches.

// **Zu Fuß oder mit dem Fahrrad zu Muddi:** Besuche deine Mutter zu Fuß oder mit dem Fahrrad. Wie umsetzbar das im Rahmen eines Mikroabenteuers ist, hängt natürlich von der Entfernung ab. Ganz wichtig: Blumen nicht vergessen!

// **Besteige die höchste Erhebung** des Bundeslandes, in dem du wohnst. Sofern du nicht in Bayern lebst (die Zugspitze!), ist das jeweils locker an einem Tag machbar. Das heißt aber nicht, liebe Bayern, dass sich nicht auch die Zugspitze als Mikroabenteuer besteigen lässt. **Siehe dazu auch die Liste der »16 Summits« auf 117.** Alternativ kannst du die zweithöchste Erhebung nehmen oder zusätzlich auf dem »Gipfel« deines Vertrauens übernachten.

// **Laufe einen oder zwei Tage lang nur der Nase nach** geradeaus und fahre von dort, wo du ankommst, mit öffentlichen Verkehrsmitteln wieder zurück. Du musst für dieses Mikroabenteuer keinen Linealstrich auf der Landkarte ziehen (dafür sind ohnehin zu viele Autobahnen, Privatgrund usw. im Weg). Geh einfach los und navigiere nach Gefühl.

// Gehe zum Bahnhof, steige in den nächsten Zug auf Gleis 2 und fahre so weit, wie du mit diesem Zug für 15 Euro kommst, maximal zwei Stunden. Verbringe dort, wo du ankommst, einen Tag und optional eine Nacht und fahre dann wieder nach Hause. Du kannst auch andere »Regeln« festlegen oder auswürfeln, welchen Zug auf welchem Gleis du nimmst. Wichtig ist, dass vorher klar ist, wie die Sache läuft und du nicht erst am Bahnhof entscheidest.

Ein Hauch von Interrail am Bahnhof Hamburg-Altona, auch wenn du weißt, dass du morgen wieder zurück bist.

// Fahre mit dem Rad ans Meer und schlafe eine Nacht am Strand. Ob das als Mikroabenteuer machbar ist, hängt wieder etwas von deinem Wohnort ab. Ist es zum Meer wirklich zu weit, suche dir ein anderes außergewöhnliches Ziel (zum Beispiel das nächstgelegene Nachbarland).

// Folge einem Bach oder Fluss von seiner Quelle bis zur Mündung. Wenn du Lust hast, begleite dann den nächstgroßen Fluss auch noch ein Stück.

27

// **Gehe vor die Tür, wandere los** und biege einen Tag lang an jeder dritten Kreuzung im Wechsel rechts und dann wieder links ab. Von dort, wo du am Ende des Tages angekommen bist, fährst du mit öffentlichen Verkehrsmitteln zurück.

// **Auf dem Wasser nach Hause:** Fahre mit der Bahn und einem mobilen Wassersportgerät im Gepäck (zum Beispiel einem aufblasbaren Stand-up-Paddle-Board oder Faltkajak, **mehr Infos dazu im Kapitel »Mikroabenteuer auf dem Wasser« ab Seite 98**) an einen Ort an dem Fluss, der durch »deine« Stadt fließt. Auf diesem Fluss fährst du dann zurück. Wichtig: Die Fließrichtung beachten!

// **Steine balancieren:** Du wirst begeistert sein, wie meditativ es ist, einen Tag lang an einem Flussbett oder am Ufer eines Sees Steine so aufzustellen, dass andere glauben, du hättest Kleber benutzt. Am Meer geht es natürlich auch. Die beste Inspiration dazu ist zweifelsohne Michael Grab. Checke unbedingt *www.gravityglue.com* und seine YouTube-Videos. Ob du das Ganze spirituell oder wissenschaftlich angehst, ist erst einmal völlig egal. Nicht denken, machen!

Der Schweizer Beat, den ich unterwegs traf, zeigte mir, wie man Steine balanciert. Seitdem tue ich es überall, wo Wasser fließt.

// Suche einen Schatz: Geocaching ist eine wunderbare Möglichkeit, dich selbst herauszufordern. Auf Webseiten wie *www.opencaching.de* findest du Tausende GPS-Koordinaten von sogenannten Caches, die irgendjemand irgendwo versteckt hat. Natürlich kannst du auch selbst welche hinzufügen. Einsteigertipps gibt es unter *www.geocaching.de*

// Laufe einen Tag barfuß durch den Wald, von morgens bis abends. Hört sich vielleicht merkwürdig an, ist aber eine unglaublich intensive, erdende Erfahrung.

// Vollmond-Abenteuer: Verbringe bei Vollmond eine Nacht draußen, ohne zu schlafen. Egal, ob du wanderst oder mit dem Rad unterwegs bist, ganz dunkel wird es in einer solchen Nacht nie (beim Radfahren auf öffentlichen Straßen bitte trotzdem Licht einschalten!)

// Transportiere dein Gepäck über einen See oder Fluss. Dazu musst du kreativ werden: Du kannst dir ein kleines Floß bauen, dein Gepäck darauf festzurren und es schwimmend ziehen und schieben. Wichtig ist in jedem Fall ein wasserdichter Packsack, falls du technische Ausrüstung in deinem Rucksack hast – oder andere Dinge, die partout nicht nass werden dürfen.

// Sternschnuppen: Auf *www.sternschnuppen-kalender.de* erfährst du, wann die Chancen auf fallende Sterne am Himmel am besten stehen. Suche dir eine Nacht aus und verbringe sie draußen im Schlafsack – ohne Zelt!

// Transportiere einen Gegenstand von A nach B – und zwar einen unhandlichen. Das muss keinen Sinn machen, nur Spaß und dich herausfordern. Am besten funktioniert das zu zweit. Wie wäre es mit einem Stuhl?

ZWEI SOMMERTAGE IN DER EIFEL
oder der Traum vom Floß

Ich muss an Huckleberry Finn denken, als wir die flüchtig zusammengebundenen Stämme zum ersten Mal ins Wasser lassen. Daran, wie die Wellen des Mississippi-Dampfers das Gefährt des jungen Abenteurers überschwemmen und ihn und den Sklaven Jim unsanft über Bord befördern. Unser Floß ist gerade mal einen Quadratmeter groß, aber es soll auch nur unser Gepäck und die Kamera-Ausrüstung meines Freundes Kai tragen. Nur das tut es noch nicht. Wir sägen noch mehr der dünnen Totholzstämme, die in Ufernähe herumliegen, auf die richtige Länge und setzen einfach noch eine Lage davon obendrauf. Im Wasser verschiebt sich unsere Konstruktion zwar immer wieder leicht, aber irgendwann hält und schwimmt sie – samt der in wasserdichten Packsäcken verstauten Ausrüstung.

Vor uns liegt der Laacher See, der größte Vulkansee Deutschlands. Es ist Sommer und die bewaldeten Hügel, die sich wie ein Ring um den uralten Krater stülpen, leuchten in sattem Grün. Wir sind heute Morgen in Köln (wo Kai und ich uns vor 20 Jahren als Zivildienstleistende in einer Jugendherberge kennenlernten und er heute nach Stationen in Rio de Janeiro, Sao Paulo und Berlin wieder wohnt) in die Regionalbahn gestiegen und bis Andernach gefahren, von dort zu Fuß weiter. Um den Laacher See könnten wir auch außen herumgehen. Das wäre sicher schön, aber kein Abenteuer.

Wir haben Lust auf eine echte Herausforderung. Und wir wissen beide tief in unserem Inneren, dass jeder Kerl sich irgendwann einmal selbst ein Floß bauen muss (gut möglich, dass das auch bei Frauen so ist, aber wir sind nun mal keine). Wenigstens ein kleines Floß fürs Gepäck. Ich habe eine Klappsäge dabei, die ganz gute Arbeit verrichtet. Und abgestorbene, ausgetrocknete Stämme liegen hier wirklich viele herum. Trotzdem habe ich auch hier – wie immer mal wieder, wenn ich irgendwo in der Walachei Dinge tue, die aus

der Norm fallen – den Gedanken: »Darf ich das eigentlich?«
Vor allem natürlich, wenn Spaziergänger vorbeikommen, deren Blicke zwischen interessiert und irritiert liegen. Ich habe
mittlerweile meine Strategie, damit umzugehen: Offensive.
Ein freundlicher Gruß, ein kurzes Gespräch, das ganz direkt
den Anlass der Irritation aufgreift. »Guten Tag, wir bauen
uns hier gerade aus den herumliegenden Stämmen ein kleines Floß ... Haben Sie das schon mal gemacht? ... Ist ein lang
gehegter Traum von uns ... Was ist das für ein herrlicher Ort
hier! ... Genießen Sie die Sonne!«

Sollte jemand etwas gegen das haben, was ich hier mache,
wird er es dann sicher sagen – und wir können darüber sprechen. Einfach nur stumm vor sich hin zu werkeln und zu hof-
fen, dass einen keiner bemerkt, wirkt eher verdächtig, und
die Wahrscheinlichkeit, dass jemand beim Förster oder dem
Ordnungsamt durchklingelt, steigt. Das heißt übrigens nicht,
dass ich ständig verbotene Dinge tue und mit geschickter
Strategie ein Anschwärzen vermeide. Im Gegenteil: Ich halte
es für sehr wichtig, Vorschriften einzuhalten, gerade wenn es
darum geht, die Natur zu schützen. Aber es gibt immer rechtliche Grauzonen, die Ordnungshüter möglicherweise anders
interpretieren, als ich es tue. Und ich verzichte lieber darauf,
herauszufinden, ob das auch in diesem Fall so ist.

Nur mit Badehosen bekleidet staksen wir ins Wasser und
schieben das Floß dabei vorsichtig vor uns her. Als wir ein
paar Meter weiter den Boden unter den Füßen verlieren, wird
es spannend: Schwimmt das Ding wirklich? Auch außerhalb
der kleinen Bucht, dort, wo es welliger ist? Besonders Kai ist
jetzt doch etwas nervös, die Kamera im Packsack auf dem
Floß ist schließlich nagelneu. Ein bisschen tief liegt unsere
Konstruktion tatsächlich, aber sie schaukelt sich ein, und sie
bleibt stabil. An einem der äußeren Stämme haben wir eine
Schnur befestigt, an deren Ende wiederum eine Schlaufe aus
einem Packriemen geknotet ist. Abwechselnd legt sich einer
von uns diese Schlaufe um den Kopf oder um die Schulter
und zieht das Floß, der andere schiebt von hinten. Zug für
Zug gleiten wir weiter hinaus auf den Vulkansee, der aus

dieser Perspektive noch viel größer erscheint als vom Ufer. Zweieinhalb Kilometer sind es bis auf die andere Seite. Tief unter uns ruht seit Jahrzehnten das Wrack eines Weltkriegsbombers. Das werden wir aber erst viel später auf *Wikipedia* nachlesen. Auch, dass hier einer alten Sage nach einst ein ganzes Schloss versunken sein soll. Für uns zählt jetzt nur der Moment: Oberhalb der Wasserfläche strotzt die Szenerie auf dem See nur so von Schiffsbruch-Romantik. Ich schwimme hinter dem Floß und sehe Kai, wie er das zusammengeschusterte Ding mit dem Gepäck in der gleißenden Sonne halb nackt Meter für Meter weiter Richtung dichter Uferböschung zieht, hinter deren Hängen auch ein gigantischer Südsee-Dschungel liegen könnte (wenn ich es nicht besser wüsste). Das klare Wasser schwappt sanft gegen die Holzstämme und gurgelt Lieder von Freiheit und Freundschaft.

Erst kurz bevor wir tatsächlich auf der anderen Seite ankommen, merke ich, wie kalt mir nach zwei Stunden in dem See geworden ist, der in seiner Mitte bis zu 50 Meter tief ist. Jetzt kann ich es kaum erwarten, mir die – hoffentlich noch trockenen – Klamotten überzuziehen und mich in der Nachmittagssonne aufzuwärmen. Nur erst mal müssen wir hier raus! Der Morast, der uns empfängt, ist so weich und das feste Ufer so unzugänglich, dass wir eine ganze Weile suchen müssen, bis wir eine Stelle zum Anlanden finden. Zitternd laden wir das Gepäck ab und lassen unser Floß zurück.

Wir haben Glück, nein, wir haben alles richtig gemacht: Die Ausrüstung ist unversehrt. Ohne uns lange aufzuhalten, setzen wir unseren Weg zu Fuß fort. Warm wird uns dabei sowieso. Wir wandern auf Feldwegen und Trampelpfaden Richtung Nordwesten. Durch Wälder, Bachläufe und Orte wie Ober- und Niederdürenbach.

Am Abend schlagen wir unser Nachtlager auf einer Anhöhe am Waldrand auf. Es gibt Couscous mit Käse und Edelsalami vom Campingkocher, ein Rezept, das mir der amerikanische Bergsteiger Conrad Anker vor einigen Jahren empfohlen hat. Und wir sind müde genug, um früh einzuschlafen. Das Schlafen draußen ohne Zelt hat etwas ganz

Besonderes. In das überragende, magische Freiheitsgefühl mischt sich immer auch ein bisschen innerliche Unruhe. Was für Tiere sind hier unterwegs? Kommen Leute vorbei? Dass wir ohne Schutz (oder zumindest das Gefühl davon) nicht ganz so tief schlafen, ist durchaus evolutionär geprägt. Und das macht auch nichts, weil die Magie überwiegt.

Gegen Mitternacht hören wir das Kreischen eines Luchses, das erst langsam, aber sicher immer näher kommt – und dann blitzartig verstummt, als wir uns lauthals bemerkbar machen. Ich habe noch am nächsten Morgen ein schlechtes Gewissen, das gute Tier so erschreckt zu haben, dass es vermutlich die ganze Nacht durchgerannt ist.

Kai und ich wandern noch einen Tag, verbringen eine zweite Nacht unterm Eifelhimmel und ziehen dann durch das urige Tal der Ahr mit seinen märchenhaften Felsformationen bis nach Altenahr, um uns deftig den Bauch vollzuschlagen und in den Zug zurück nach Köln zu steigen. Was unser Floß wohl jetzt macht? Ich muss grinsen, als ich beim Auspacken die kleine Klappsäge aus dem Rucksack hole, mit der wir unsere Baumstämme zurechtgesägt haben. Vielleicht kehren wir ja noch einmal zurück. Und dann zimmern wir aus dem kleinen Ding ein Hausboot.

Schiffsbruch-Romantik in der Eifel. Auf der nächsten Doppelseite gibt es noch mehr Eindrücke von diesem Mikroabenteuer.

Von Köln aus nach Andernach, mit dem selbst gebauten Gepäckfloß einmal durch den Laacher See und dann zu Fuß weiter durch die Eifel bis an die Ahr. Klare Nächte an einsamen Plätzen, blühende Rapsfelder, dichte Wälder. Eine Frage kommt nach einem solchen Mikroabenteuer zu zweit garantiert: »Warum haben wir das nicht schon viel früher mal gemacht?«

MIKROABENTEUER-MOTIVATION

Warum sollten wir überhaupt da rausgehen? Warum uns in der Natur aufhalten? Warum mehr Abenteuer erleben? Es gibt tausend Gründe dafür! Trotzdem finden wir immer wieder genügend dagegen: Verpflichtungen, Ausreden, widrige Umstände, Ängste. Wir bringen uns dadurch selbst in eine Zwickmühle: Eigentlich wollen wir mehr raus, aber eigentlich sind da eben auch die Faktoren, die uns davon abhalten. Nur ganz ehrlich: »Eigentlich« gehört als allererstes gestrichen aus unserem Sprachgebrauch und Gedankengut.

Nüchtern gesehen ist es doch so: Wenn wir nicht rausgehen, dann ist uns etwas anderes in diesem Moment wichtiger. Was wir tun oder nicht tun, ist immer eine Frage der Prioritäten. Ich habe gemerkt, wie gut es tut, in dieser Hinsicht ganz ehrlich zu sich selbst zu sein. Es gibt ein Zitat von James Neil Hollingworth, das sich für mich in den letzten Jahren beruflich, aber auch privat zu einem Schlüsselsatz entwickelt hat: »Mut bedeutet nicht, keine Angst zu haben, sondern ist die Entscheidung, dass etwas anderes wichtiger ist als die Angst.« Wo liegen deine Prioritäten?

Wenn es für mich heute Abend (unter Einbeziehen aller Faktoren, also auch der für eine Partnerschaft relevanten!) am wichtigsten ist, es mir mit meiner Frau auf dem Sofa gemütlich zu machen und einen guten Film zu gucken, dann ist das völlig in Ordnung. Aber dann brauche ich nicht herumzujammern, dass ich so gerne mal wieder draußen im Schlafsack liegen und in die Sterne gucken würde.

Wenn ich wirklich mehr Abenteuer in meinem Leben will, dann muss ich das Abenteuer auf meiner Prioritätenliste nach oben schieben. Es muss nicht an Top 1 stehen (das ist ja das Tolle an der Idee des Mikroabenteuers: Es lässt sich viel leichter in das Leben integrieren als eine große Reise), aber höher als momentan. Das geht logischerweise nur, wenn andere Dinge – und dazu gehören die Gründe, die mich davon abhalten – nach hinten rutschen. Auf diese Weise bekommt das Thema Motivation eine ganz neue Perspektive. Und so banal es klingt: Ich muss ja anders auf die Dinge gucken, wenn ich etwas verändern will.

Das Wetter ist ein gutes Beispiel: Angenommen, ich würde gerne morgen früh zu einer Tageswanderung mit Draußen-Übernachtung aufbrechen. Jetzt sagt der Wetterbericht aber Dauerregen voraus, auch in der Nacht (was schon vorgekommen sein soll in Deutschland!). Variante 1 für eine Reaktion ist, mich schweren Herzens gegen die Wanderung zu entscheiden oder sie erst einmal zu verschieben, weil das bei einem solchen Wetter nicht wirklich Sinn macht. Variante 2 wäre, das Ganze etwas nüchterner, ehrlicher zu betrachten und mich selbst zu fragen: »Was ist dir wichtiger, mein Freund? Das Erlebnis da draußen, die frische Luft, die Natur oder dass du trocken bleibst und es dir drinnen gemütlich machst?« Ich selbst entscheide. Und für diese Entscheidung muss ich auch geradestehen – vor mir und all denen, die mich vielleicht in den nächsten Tagen fragen, ob ich denn bei dem Sauwetter wirklich losgezogen bin.

Der kleine Haken ist: Wenn ich etwas noch nicht erlebt habe, kann ich auch nicht wissen, wie es ist und ob es besser ist bzw. das Potenzial hat, mir wichtiger zu sein als das, was mir sonst wichtig ist. Also muss ich mich, um meine Lust auf das Unbekannte wiederzufinden, hin und wieder auch zum Aufbrechen zwingen. Oder mich mitschleifen lassen.

Aber noch einmal: Motivationspsychologie ist ein komplexer Knoten, der sich nicht mit einem Tschakka durchschlagen lässt. »Alles Ausreden! Wenn du es willst, dann kannst du es auch!« – mit solchen Parolen kannst du zwar durchaus mal jemandem in den Hintern treten. Nachhaltig sind sie nicht. Was wir brauchen, ist eine neue Einstellung, etwas Inneres, das wir immer wieder abrufen können, ohne dass uns jemand anbrüllt. Wenn jemand anderes oder wir selbst uns rausgeprügelt haben, dann müssen wir da draußen etwas finden, das uns guttut, etwas, das wir nicht mehr missen möchten, und sei es nur das Knistern des Laubs unter unseren Füßen oder das Erschöpfungsgefühl am Abend.

Eine Schlüsselrolle für meine ganz persönliche Draußen-Motivation hat die intensive Auseinandersetzung mit meinen Zielen gespielt. Ich habe für meine Vorträge und Workshops zum Thema Motivation und Persönlichkeitsentwicklung über die Jahre eine einfache Übung entwickelt, die aufzeigt, wie wichtig individuelle Motive sind, um im Jetzt wirksam zu handeln. Das hört sich kryptisch an, deshalb will ich kurz skizzieren, wie ich diese Übung irgendwann einmal für mich selbst durchgespielt habe. Es kann durchaus sein, dass du den einen oder anderen Satz auf den folgenden Seiten zweimal lesen musst, um ihn zu verstehen (was nicht daran liegt, dass du zu blöd bist, sondern daran, dass ich es nicht vermag, es einfacher zu beschreiben). Dafür vorab Entschuldigung! Diese Begriffe spielen jedenfalls eine wichtige Rolle:

// Situationen
// Kriterien
// Leitsterne
// Ergebnisziele
// Handlungsziele
// Maßnahmen

Um herauszufinden, was mich antreibt, was mich zufrieden macht, also was meine Motive oder Leitsterne sind, habe ich zuerst auf die besten Situationen meines Lebens geguckt. Hochzeit und Geburt eines Kindes habe ich dabei ausgeschlossen, weil das meist Schnellschuss-Antworten sind, die wir raushauen, ohne groß kramen zu müssen.

Je weiter die Situationen zurückliegen, desto interessanter wird es, weil das selektive Gedächtnis dann besonders zum Tragen kommt: Welche Erinnerungen sind noch da? Von da aus können wir gleich zur nächsten Frage springen: Warum? Oder anders: Welche Kriterien haben diese Situationen ausgemacht? Wenn ich diese Kriterien vergleiche, finde ich höchstwahrscheinlich gemeinsame Nenner – und die packe ich mir, um sie in Leitsterne umzuformulieren. Ich konnte auf diese Weise mehrere Leitsterne definieren:

// Ich bin am liebsten draußen.
// Ich handle am liebsten selbstbestimmt.
// Ich bin außerhalb meiner Komfortzone am besten.

Es gibt in diesem Modell keine Ober- oder Untergrenze für die Anzahl an Leitsternen. Aber je weniger es werden, desto klarer können wir navigieren. Oder wir brauchen (wieder!) eine klare Hierarchie: Welcher Stern strahlt am hellsten? Manchmal – wie in meinen Fall – liegen die verschiedenen Leitsterne auch sehr dicht beieinander und bilden eine Art hell leuchtenden Leitsternhaufen, der eine sichere Orientierung ermöglicht.

So, und erst jetzt, auf dieser Basis, entwickeln wir Ergebnisziele. Ergebnisziele kennen wir alle, die haben immer etwas mit Zahlen zu tun. Ergebnisziele begegnen uns ständig, wir rennen vielen hinterher: 5 Prozent mehr Umsatz generieren, 10.000 Euro Kosten einsparen, 6 Kilo abnehmen, den Marathon unter 4 Stunden laufen. In den wenigsten Fällen allerdings klopfen wir ab, ob diese Ergebnisziele auch zu unseren Leitsternen passen, ob sie – wenn wir sie erreichen – unsere Leitsterne (oder wenigstens einen davon) heller strahlen lassen. Würden wir das tun, müssten wir feststellen, dass viele der Ergebnisziele, die wir verfolgen, eigentlich die Ziele anderer sind. Passen sie aber zu unseren Leitsternen (oder können wir sie für uns so umdeuten, dass sie es tun), ist das großartig! Ich zäume dieses Pferd am liebsten von hinten auf und stelle mir die Frage: Welches Ergebnisziel würde meinen Leitsternen noch mehr Kraft geben? Um möglichst konkret zu werden, habe ich mich zunächst auf eines fokussiert:

// Ich werde in diesem Jahr drei Outdoor-Abenteuer von jeweils mindestens einer Woche erleben.

Um an dieser Stelle vom Träumen ins Machen zu kommen, sind Handlungsziele unbedingt notwendig: Was muss ich verändern? Welche Fähigkeiten muss ich verbessern, um dieses Ergebnisziel zu erreichen? Ein Bergsteiger, der das Ergebnisziel hat, als Erster auf einem Berg zu stehen, wird zum Beispiel die Handlungsziele haben, seine Klettertechnik und seine Konzentrationsfähigkeit zu verbessern. Er wird sich vielleicht auch vornehmen, einen geeigneten Seilpartner zu finden. Ich schrieb als Handlungsziele folgende auf:

// Mein **Zeitmanagement** optimieren.

// **Lernen, »Nein« zu sagen,** wenn eine Anfrage für den Zeitraum kommt, den ich mir für ein Abenteuer geblockt habe.

// **Anlässe schaffen** (also gemeinsam mit Freunden etwas zu planen oder eine besondere Herausforderung suchen).

Und dann legte ich los. Ich kam auch in allen Bereichen ganz okay voran, aber hatte trotzdem das Gefühl, dass der Knoten unglaublich festgezurrt war. Es gelang mir einfach nicht, dieses Ergebnisziel samt seiner Handlungsziele in meiner Prioritätenliste weiter nach oben zu bringen. Kaum hatte ich es hochgehievt, rutschte es wieder runter.

Irgendwann muss ich mich dann an das erinnert haben, was mich schon immer nach vorne gebracht hat, wenn es um Entscheidungen ging: Einfach machen! Diese Erkenntnis offenbarte sich dann ganz konkret in der Idee, mit dem Fahrrad über Nacht von Hamburg nach Berlin zu fahren. Erst danach wurde mir klar: Auch Handlungsziele werden erst dann wertvoll, wenn wir ganz konkrete Maßnahmen davon ableiten. Auf die Spitze – und wie ich mittlerweile weiß, auch oft zu lebensverändernden Erkenntnissen – treibt es die Frage:

// Womit kannst du HEUTE anfangen?

Welche Maßnahme kannst du heute umsetzen, um deinem Handlungsziel ein Stückchen näher zu kommen, das deine Chance erhöht, dein Ergebnisziel zu erreichen, welches deinen Leitstern heller leuchten lässt? Keine Ausrede gelten lassen und EINE Maßnahme HEUTE umsetzen! Mich hat das zum Mikroabenteuer geführt und mir Facetten des Draußenseins, der Selbstbestimmung und des Ausbrechens aus der Komfortzone eröffnet, die ich bis dato in dieser Form nicht erlebt hatte. Mein Knoten löste sich.

Das vielleicht Interessanteste dabei aus motivationspsychologischer Sicht: Mein Ergebnisziel wurde in diesem Moment völlig unwichtig. Es war mir egal, ob ich dreimal eine Woche unterwegs sein würde (am Ende des Jahres waren es bestimmt zwölf Mikroabenteuer, was in Summe ungefähr auf das Gleiche rauskommt). Viel wichtiger war mir, dass ich einen Weg gefunden, eine Fähigkeit entwickelt und Erfahrungen gemacht hatte, die mir niemand nehmen kann.

Ergebnisziele verpuffen, unabhängig davon, ob wir sie erreichen oder nicht. Trotzdem können sie eine entscheidende Rolle spielen, weil sie uns aufbrechen und im besten Fall Handlungsziele entwickeln und Maßnahmen umsetzen lassen. Dadurch erlangen wir Fähigkeiten, die bleiben, selbst wenn das ursprüngliche Ergebnisziel längst weg ist.

Dem Bergsteiger, der als Erstes auf einem Gipfel stehen will (übrigens ein Beispiel aus meinem Buch *Dein bestes Ich*), geht es genauso. Wenn er seine Handlungsziele erfüllt, hat er unglaublich wertvolle Fähigkeiten entwickelt, die ihm niemand nehmen kann und ihm bei allen zukünftigen Projekten nützlich sein werden – selbst wenn er dieses eine Ergebnisziel vielleicht nicht erreicht hat, weil das Wetter zu schlecht war und ein anderer Bergsteiger einfach mehr Glück hatte. Deshalb ist das Machen so wichtig und – sobald die Prioritäten klar sind – die alles entscheidende, eben schon formulierte Frage: »Womit kann ich HEUTE anfangen?«

An der Ostsee, Eckernförder Bucht. Der erste Schritt ist immer der wichtigste, gerade wenn du nicht genau weißt, ob er sitzt.

7 GRÜNDE, ZU HAUSE ZU BLEIBEN

Wie erwähnt, gibt es tausend gute Gründe, mehr Zeit draußen zu verbringen und die Welt der Mikroabenteuer für sich zu entdecken. Ich bin mir hundertprozentig sicher, dass das jedem von uns guttut. Aber ja, es gibt eben in der echten Welt auch vieles, das uns immer wieder davon abhält, loszuziehen. Einigen der am häufigsten genannten Gründe (manche mögen sie auch Ausreden nennen) lässt sich durchaus der Zahn ziehen. Versuchen wir es mal:

// Ich habe zu wenig Zeit. Mit Abstand der am häufigsten genannte Grund, warum es dieses Mal nicht klappt mit dem Abenteuer. Ich selbst hätte auch gerne mehr Zeit. Mikroabenteuer reduzieren die benötigte Zeitspanne zwar schon radikal, aber manchmal fehlen uns (vermeintlich) auch dafür die entsprechenden Stunden. Das Zauberwort, das dann fast zwangsläufig fällt, lautet Zeitmanagement. Nur: Zeit lässt sich gar nicht managen. Der Tag hat immer 24 Stunden, und sie vergehen immer gleich schnell. Das Einzige, was wir managen können, sind wir selbst. Wir müssen entscheiden, was wir mit den 24 Stunden des Tages anfangen. Und wenn wir bislang zu wenig Zeit für kleine Abenteuer hatten, dann wird sich das nur ändern, wenn WIR etwas ändern. Sprich: Aus einer anderen Perspektive auf unseren Tagesablauf sehen und ihn hinterfragen, neue Lösungen für alte Probleme suchen, die Prioritäten verschieben. Es kann sogar helfen, Dinge aufzuschieben – um zu erkennen, dass sie eigentlich doch gar nicht so wichtig waren, wie wir dachten.

Mikroabenteuer an sich sind ein hervorragendes Tool für das, was wir Zeitmanagement nennen. Weil sie große Träume und Sehnsüchte auf kleine, greifbare, umsetzbare Aktionen runterbrechen. Ja, es kann auch helfen, sich konkrete Termine für Mikroabenteuer zu setzen oder sich mit Freunden dafür zu verabreden. Wir können sogar das sogenannte Pareto-Prinzip heranziehen, nach dem wir in 20 Prozent unserer

Zeit 80 Prozent unseres Erfolges erzielen – was sich auch umformulieren ließe in 80 Prozent unseres Glücks oder unserer Zufriedenheit. Das käme bei ein bis zwei Tagen Mikroabenteuer in der Woche ja ganz gut hin. Aber am Ende landen wir doch immer wieder bei den Prioritäten: Wie wichtig ist es dir wirklich, da rauszugehen? Und wie weit gehst du, um es möglich zu machen? Wenn dir der Hintern brennt, kann ich dir nur raten: Greif dir ein Zeitfenster, auch wenn es sehr klein sein sollte, schiebe zur Not Dinge auf und ziehe los! Wenn du nach dem dritten Mal nicht bereit bist, deine Prioritäten ernsthaft zu verschieben, dann sei ehrlich zu dir selbst und akzeptiere das genau so.

// Ich schaffe den ersten Schritt einfach nicht. Unter Produktivitätsexperten kursiert folgende Regel, deren genaue Herkunft und wissenschaftliche Grundlage ich zwar nicht belegen, deren Gültigkeit ich jedoch ganz klar bestätigen kann: Alles, was du dir vornimmst, solltest du binnen drei Tagen umsetzen, sonst sinkt die Chance, dass du es überhaupt noch einmal tust, auf ein Prozent. Diese Regel schlägt in die gleiche Kerbe wie das Setzen von Handlungszielen und das zügige Umsetzen entsprechender Maßnahmen, verbunden mit der Frage: »Womit kann ich HEUTE anfangen?« Was die Mikroabenteuer-Motivation betrifft, kann ich nur immer wieder empfehlen: Entscheide schnell und stelle dich damit selbst vor vollendete Tatsachen. In Ruhe darüber nachdenken kannst du später. Mach aus dem »Bald« ein »Jetzt«, bevor daraus ein »Nie« wird.

// Das Wetter ist zu schlecht. Ein Totschlagargument, auf das sich immer mit einem noch absoluteren antworten lässt: Es gibt kein schlechtes Wetter, nur schlechte Kleidung. Und so ausgenudelt dieser Spruch ist, so wahr ist er natürlich. Wahr ist aber auch: Viele Dinge sind bei Sonne einfach angenehmer als bei Sturm und Regen. Deshalb hilft nur, ganz bewusst auf das zu gucken, was das Unangenehme uns Positives bringen kann: Ruhe, Einsamkeit, Leere, das Heraustreten aus der Komfortzone, das Austesten persönlicher Grenzen, das Wachsen. Ich habe großartige Erinnerungen an Abenteuer im Regen oder im wilden Schneetreiben. Sie sind schon deshalb intensiver, weil sie besonders sind. Um gar nicht erst in Versuchung zu kommen, ein Mikroabenteuer aufgrund des Wetters immer wieder zu verschieben, helfen konkrete Termine. Zum Beispiel: Übernächste Woche von Mittwoch auf Donnerstag bin ich draußen – und zwar egal, wie das Wetter ist. Allerdings solltest du dir eine kleine Hintertür offen lassen, nämlich für den Fall, dass das Wetter gefährlich wird. Ich habe schweren Herzens ein Harz-Mikroabenteuer abgeblasen, weil ein Orkan angesagt war. Mit Windstärken von 200 km/h fegte er über den Brocken, genau in der Nacht, in der wir in unmittelbarer Nähe im Wald schlafen wollten. Wir waren dann zwei Wochen später dort, und als wir sahen, was der Orkan im Wald angerichtet hatte, umso sicherer, die richtige Entscheidung getroffen zu haben.

Ein Hauch von Himalaya: Unser Alpen-Mikroabenteuer mit dem Nachtzug von Hamburg war wettermäßig ein saukalter Tanz.

// Die familiären Verpflichtungen. Ein Grund, den ich ebenfalls sehr gut kenne und der natürlich eng mit »zu wenig Zeit« verknüpft ist. Neben all dem, was also zum Zeitmanagement schon angeführt ist, gilt hier: Hast du das Glück, dich gemeinsam mit einem Partner um deine (oder seine) Kinder zu kümmern, mach ihm klar, wie gut es dir tun würde, ein Mikroabenteuer zu erleben, und lass dich ein oder zwei Tage von allen familiären Verpflichtungen freistellen. Oder du verlagerst den monatlichen »gemeinsamen Abend« mit deinem Partner, an dem Oma oder ein Babysitter im Haus ist, in die Natur und hängst noch eine Nacht draußen dran. Ich weiß, ein Babysitter kostet. Aber Oma nicht. Und vielleicht ist dir ein Mikroabenteuer mit deinem Partner, einfach so unter der Woche, ja auch finanziell etwas wert. Ihr spart immerhin die Hotelkosten. Auch jedes »Motto«-Event, sei es der Mädelsabend oder das Männerwochenende, lässt sich möglicherweise abenteuerlicher gestalten, als es bislang der Fall war. Zu guter Letzt gibt es natürlich auch noch folgende Möglichkeit: die Kinder mitnehmen. Je nachdem, wie alt sie sind, musst du deine persönlichen Leistungs-Ambitionen dann zurückschrauben, aber das Erlebnis kann trotzdem (oder gerade deshalb) grandios sein.

// Ich habe keine Idee, wohin. Wenn du dich bislang eher wenig mit dem Thema Mikroabenteuer auseinandergesetzt hast, kann das in der Tat ein Grund sein, der dich davon abhält, aufzubrechen. Ich mache es kurz: Du findest in diesem Buch haufenweise Ideen, sowohl generelle Anregungen als auch ganz konkrete Tourenvorschläge. Da sollte auch für dich etwas dabei sein. Wenn nicht, dann ist dieser Grund mit hoher Wahrscheinlichkeit nur eine schnöde Ausrede.

// Ich traue mich nicht. Ein sehr nachvollziehbarer Grund. Ehrlich! Ohne Geschlechterschubladen aufmachen zu wollen, muss ich sagen, dass ich ihn vor allem von Frauen höre. Wobei auch viele Männer spätestens dann sehr still werden, wenn es darum geht, ohne Zelt im Wald zu übernachten.

Ganz alleine da draußen unterwegs zu sein macht vielen Angst. Wie gesagt: Das ist nachvollziehbar. In den allermeisten Fällen ist diese Angst allerdings völlig unbegründet. Und in den allermeisten Situationen, in denen sie nicht unbegründet ist, können wir uns so verhalten, dass wir nicht zu Schaden kommen. Natürlich: Ein minimales Restrisiko bleibt immer – genau wie in allen anderen Bereichen des täglichen Lebens. Wenn du alleine mutlos bist, suche dir Gleichgesinnte und tausche Erfahrungen mit anderen aus. Eine Möglichkeit dafür ist die Facebook-Gruppe *Mikroabenteuer Community*. Auch ein Hund kann ein Gefährte sein, der dir ein besseres Gefühl gibt. Aber einer der wichtigsten Sätze, der mich seit Jahren begleitet, lautet: Wo die Angst ist, da geht's lang.

// Ich habe nicht die richtige Ausrüstung. Einer der Gründe, die sehr oft heimliche Ausreden sind. Es ist sehr angenehm, ein Abenteuer mit richtig guter Bekleidung und Ausrüstung anzugehen. Aber überlebenswichtig ist es für ein Mikroabenteuer in der Regel nicht. Selbstverständlich solltest du vernünftiges Licht an deinem Rad haben, wenn du damit durch die Nacht fährst. Du brauchst auch einen guten Klettergurt, Seil und Karabiner, wenn du klettern gehst. Aber du kannst mit einem alten Hollandrad ein genauso unvergessliches Mikroabenteuer erleben wie mit einem teuren Trekkingrad. Und der alte Spiritus-Kocher von Opa tut es sicher auch noch. Wenn du keine professionellen Fahrradtaschen besitzt, setz dir deinen Wanderrucksack auf und fahr los – für einen Tag geht das! Wenn in deinem Schrank keine Gore-Tex-Jacke hängt, leih dir eine, nimm einen Schirm oder schneide dir einen Regenschutz aus einem großen Müllsack zurecht. Kurz: Schalte vom Problem- in den Lösungsmodus und mach das Beste aus dem, was dir zur Verfügung steht.

NOCH MEHR MIKROABENTEUER-IDEEN

// Kunst aus Müll: Sammle einen Tag lang von morgens bis abends Müll in der Natur. Verbringe die Nacht draußen und fertige am nächsten Tag ein Kunstwerk aus dem gesammelten Müll an. Im besten Fall transportierst du es im Anschluss mit nach Hause oder stellst es kurzerhand auf dem Rathausplatz aus – mit einem kleinen pädagogischen Infozettel zum Thema Müll in der Natur.

// Vergessene Orte: »Lost Places« üben eine große Faszination auf viele Menschen aus. Es gibt mittlerweile eine richtige Szene, die verlassene Gebäude aufsucht und sich – wenn möglich – in ihnen umsieht. Viele befinden sich in abgelegenen Ecken. Infos über bekannte Spots findest du zum Beispiel unter *www.lost-places.com* oder in dem Buch *Lost Places: Deutschlands vergessene Orte*.

Einer der bekanntesten deutschen »Lost Places«: die ehemaligen US-Anlagen auf dem Berliner Teufelsberg (siehe auch Seite 165)

// Mitsommernacht: Es sollte offiziell zur Pflicht gemacht werden, die Nacht vom 21. auf den 22. Juni draußen zu verbringen – schließlich ist sie die kürzeste des Jahres und gehört entsprechend geehrt. Du könntest dir auch zum Ziel setzen, in jeder Jahreszeit einmal draußen zu übernachten.

// Sammle dein Abendessen: Besorge dir einen guten Pflanzenführer und setze dir das Ziel, alle – und wirklich alle – Zutaten für dein Abendessen (das natürlich draußen stattfindet) selbst zu suchen. Du wirst hundertprozentig mit noch offeneren Augen unterwegs sein als sonst.

// Ziehe auf der Landkarte einen Radius um deinen Wohnort und wandere ihn möglichst liniengetreu ab. Wichtig: Privatgelände respektieren!

// 24 Stunden an einem Spot: Das ultimative Mikroabenteuer für alle, die keine Lust haben, weite Strecken zurückzulegen – aber natürlich nicht nur für die. Suche dir einen Platz, an dem du einen Tag und eine Nacht verbringst. Das bringt dich hundertprozentig runter und schult deine Achtsamkeit. Der Spot muss nicht spektakulär sein, auch nicht unbedingt einsam. **Ein konkretes Beispiel findest du in den Mikroabenteuer-Ideen für München ab Seite 204.**

// Besuche einen Ort mit besonderem Namen. Und zwar zu Fuß oder mit dem Rad. An der Ostsee gibt es zum Beispiel die Orte Kalifornien und Brasilien. Bei München liegt das schöne Pups (siehe dazu auch Seite 211).

// Per Anhalter segeln: Laufe oder fahre (mit dem Rad oder öffentlichen Verkehrsmitteln) zum nächsten Hafen und spreche einen Segler an, ob du für einen Tag gegen tatkräftige Hilfe mitsegeln darfst. Vom Zielhafen suchst du dir einen Weg zurück. Nicht vergessen, das Rad mit aufs Boot zu nehmen! Dieses Mikroabenteuer funktioniert nicht nur am Meer, sondern auch auf großen Seen.

DRAUSSEN
ÜBERNACHTEN

Nachts draußen zu sein ist ein ganz besonderes Gefühl. Schon deshalb, weil es unserem gewöhnlichen Verhalten (und dem der meisten anderen Menschen) entgegensteht. Wenn du dich nachts draußen fortbewegst, also wanderst, Fahrrad fährst oder über das Wasser paddelst, weißt du immer: Alle anderen schlafen jetzt – und normalerweise würdest du es auch tun. Die Dunkelheit sorgt für geheimnisvolle Stimmung. Es ist ganz logisch, dass wir uns in ihr hin und wieder etwas unwohl fühlen, einfach weil wir nicht so genau sehen, was uns umgibt.

Wenn wir nachts aber nicht unterwegs sein, sondern draußen schlafen wollen, greifen wir deshalb meist auf das Zelt zurück. Seine dünne Hülle vermittelt uns ein Gefühl von Schutz in der Dunkelheit. Eine Nacht im Zelt kann viel zu einem großartigen Abenteuer beitragen. Es gibt allerdings mehrere Gründe, die mich dazu bewegt haben, als eine meiner ganz persönlichen Mikroabenteuer-Regeln das Draußen-Übernachten OHNE Zelt zu definieren:

// Das Freiheitsgefühl ohne Zelt ist unschlagbar.

// Der Abenteuerfaktor steigt deutlich.

// In Deutschland ist es (wie in fast allen europäischen Ländern) verboten, »wild« im Zelt zu übernachten.

// Ich muss kein Zelt mitschleppen.

Wer in Deutschland im Zelt übernachten will, darf dies tatsächlich, rein rechtlich gesehen, nur auf privatem Gelände mit Erlaubnis des Besitzers oder auf ausgewiesenen Zeltplätzen tun. Dazu gehören Campingplätze – von denen es viele uncharmante und nur wenige schöne, natürliche gibt. Mittlerweile wurden in verschiedenen Ecken Deutschlands aber auch Plätze ausgewiesen, an denen »wildes« Zelten möglich ist: sogenannte Trekking- oder Naturlagerplätze für kleine Zelte, die meisten sogar mit Komposttoilette und Feuerstelle.

TREKKINGPLÄTZE FÜR »WILDES« ZELTEN IN DEUTSCHLAND

// **4 Trekkingplätze im Nationalpark Eifel,** und zwar mit Holzpodest zum Aufstellen des Zeltes. Kosten: 10 Euro pro Nacht und Zelt. Maximal 2 Zelte möglich (wer 2 Zelte bucht, hat den Platz für sich). Geöffnet von 01. April bis 31. Oktober. Info und Buchung unter *www.trekking-eifel.de*

// **18 Übernachtungsplätze in Schleswig-Holstein** sind auf der Seite des Projekts *Wildes Schleswig-Holstein* verzeichnet. Das Projekt ist zwar beendet, die Plätze sind aber weiterhin in einer Übersichtskarte gelistet. Details sind jeweils verlinkt. *www.wildes-sh.de*

// **14 Trekkingcamps in der Pfalz:** Die Plätze für jeweils 6 Zelte an der Südlichen Weinstraße sowie im Donnersberger und Lauterer Land sind für die Zeit von April bis Oktober buchbar. Kosten: 10 Euro pro Nacht und Zelt (wer 60 Euro lockermacht, hat den Platz für sich). *www.trekking-pfalz.de*

// **6 Trekkingcamps im Naturpark Schwarzwald:** Auf den Plätzen dürfen jeweils bis zu 3 Zelte stehen. Buchbar für die Zeit von Mai bis Oktober. Kosten: 10 Euro pro Nacht und Zelt. *www.naturparkschwarzwald.de/aktiv_unterwegs/trekking*

// **2 Trekking-Zeltplätze im Spessart:** Diese beiden Plätze sind jeweils mit maximal 5 Zelten belegbar. Die Saison läuft von April bis Oktober. Kosten: 10 Euro pro Nacht und Zelt. *www.trekking-bayern.de/region/spessart/zeltplaetze*

// **3 Trekkingcamps am Soonwaldsteig:** Die Plätze liegen entlang des Wanderwegs durch den Naturpark Soonwald-Nahe (zwischen Rhein, Nahe und Hunsrück). Hier darf man nicht nur bis zu 5 kleine Zelte, sondern auch jeweils eine große Jurte aufstellen. Kosten: 10 Euro pro Nacht und Zelt, 15 Euro pro Jurte. *www.soonwaldsteig.de/de/trekkingcamps*

Trekkingplätze sind eine tolle Möglichkeit, abgelegen und naturnah im Zelt zu übernachten, ohne sich strafbar zu machen. Und es sieht so aus, als würden auch weitere Regionen bald ähnliche Möglichkeiten schaffen.

Allerdings übernachten auch immer wieder Menschen im Zelt, wo es ihnen gerade passt bzw. an einem geeigneten, aber eben nicht offiziell ausgewiesenen Ort (natürlich habe auch ich das schon getan). Bei entsprechend rücksichtsvollem Verhalten wird das im Normalfall sicher nicht zu einer Freiheitsstrafe führen – wenn es überhaupt zu Nachfragen oder gar einer Begegnung mit der Polizei kommen sollte. Aber: Es ist verboten. Die Bundesländer, die die Details der Gesetzgebung in diesem Fall selbst regeln, verhängen zum Teil drastische Strafen, vor allem wenn es um das unerlaubte Zelten in Natur- und Landschaftsschutzgebieten geht. In Mecklenburg-Vorpommern etwa können dabei bis zu 5.000 Euro fällig werden. Selbst das Aufstellen eines Zeltes wird in einigen Bundesländern bereits geahndet.

Einziger legaler Ausweg für das Zelten bleiben – neben Camping- und Trekkingplätzen – private Grundstücke mit Erlaubnis des Besitzers. Da auch viele Waldstücke in privater Hand sind, lohnt sich möglicherweise eine freundliche Anfrage beim Förster, der tatsächlich eine Genehmigung für das Zelten erteilen kann (wenn es sich nicht um ein Natur- oder Landschaftsschutzgebiet handelt). An dieser Stelle sei der Hinweis erlaubt: Jäger sind keine Förster.

Du merkst: Das Thema ist rechtlich ziemlich ermüdend und komplex. Ohne Zelt wird es etwas einfacher: Wir stoßen in eine juristische Grauzone vor, die uns mit einem besseren, ruhigeren Gefühl aufbrechen lässt, wenn wir vorhaben, die Nacht draußen unterm Sternenhimmel zu verbringen.

Auf den nächsten Seiten berichte ich von einer Nacht in der Grauzone am Hamburger Containerterminal – mit fantastischem Blick auf das Lichtermeer.

LICHTERMEER AM CONTAINERHAFEN

Warum nicht? Diese Frage ist für mich unfassbar wertvoll geworden. Ich dachte auch, ich hätte unter der Woche keine Zeit für Abenteuer. Aber selbst wenn ich zwölf Stunden am Tag arbeiten sollte, bleiben immer noch zwölf, um draußen zu sein. Ein halb volles Glas. Also, warum nicht? Warum nicht den gepackten Rucksack schon dabeihaben und direkt aus dem Büro losziehen? In jeder Großstadt gibt es Ecken, die sich zum Übernachten eignen, auf dem Land sowieso.

Ich habe den Ort für dieses urbane Hamburg-Abenteuer wieder vorab über *Google Maps* recherchiert: das unscheinbare Leuchtfeuer, das den Eingang zum Waltershofer Hafen mit seinen riesigen Container-Terminals markiert. Mit dem Fahrrad rolle ich aus dem Büro runter zum Fischmarkt. Dort habe ich mich mit meinen Freund, dem Fotografen Torsten Kollmer, verabredet.

Wir schieben unsere Räder auf eine der Hafenfähren, die hier im Linienverkehr unterwegs sind. 3,30 Euro das Ticket, Fahrradmitnahme kostenlos. Die Fähre der Linie 62 braucht 13 Minuten bis zum Anleger »Bubendey-Ufer« auf der anderen Seite der Elbe. Drüben angekommen, befinden wir uns in einer anderen Welt: wenig Menschen, viel Industrie, vom kabbeligen Wasser nur durch eine Flutschutzmauer und einen schmalen Grünstreifen getrennt. Dieser Grünstreifen ist unser geheimer Pfad ins 5-to-9-Abenteuer. Genau dort, wo er nach Südosten abknickt, klettern wir mit den Rädern an einer Leiter über die Mauer – und es liegt vor uns, das Hamburg, für das so viele Menschen weit reisen: Containerschiffe und Hafenkräne, Schlepper, die kräftige Bugwellen vor sich herschieben, kreischende Möwen, die den kleinen Booten der Sportfischer folgen. Ganz hinten funkelt sogar die Elbphilharmonie in der untergehenden Sonne.

Für die erste Reihe muss ich die Hängematte rausholen. Mit ihr kann ich direkt über den quaderförmigen Steinen baumeln, die an diesem Abschnitt die Böschung befestigen.

Gerade als ich die Halteseile am Stahlgerüst des Leuchtfeuers verknote, tuckert etwa 50 Meter entfernt ein Polizeischiff vorbei. Ich bin mir sicher, dass es nicht legal ist, seine Hängematte an einem Leuchtfeuer im Hoheitsgebiet der gefürchteten *Hamburg Port Authority* aufzuhängen, aber ich mache einfach weiter. Die Polizisten Gott sei Dank auch. Ich verstehe das als Freiticket. Torsten schlägt sein Lager etwas entfernt auf einer ebenen Fläche zwischen Büschen und Flutschutzmauer entfernt auf, weil er mit seiner Isomatte auf den dicken Steinen keine Chance auf eine bequeme Liegeposition hätte.

Das Herrliche an solchen Abenden ist: Sobald dein Set-up für die Nacht steht, gibt es nicht mehr viel zu tun. Du hast Zeit. Wir brutzeln uns auf dem Gaskocher in aller Seelenruhe eine einfache Mahlzeit zusammen und trinken das mittlerweile lauwarme Bier, das Torsten noch im Kühlschrank hatte. Es ist verrückt: Da drüben, nur gut 500 Meter Luftlinie entfernt, sitzen die Menschen in den Liegestühlen vor der Strandperle, trinken Gin Tonic und Aperol-Spritz, 500 Meter rechts von uns poltern die Verladekräne des Containerterminals, und hier sitzen wir auf unseren Schlafsäcken.

Als es dunkel wird, beginnt die Light-Show: ein Meer sich auf und ab, hin und her bewegender, großer und kleiner Lichter. Ich liege mittlerweile in meiner Hängematte, für die vorbeifahrenden Schiffe quasi auf dem Präsentierteller. Aber die Flutschutzmauer in meinem Rücken gibt mir ein beruhigendes Gefühl von Sicherheit. Ich will eigentlich gar nicht, aber irgendwann fallen mir doch die Augen zu.

Einen Wecker brauchst du an einem solchen Ort nicht. Du blinzelst sowieso ständig auf das Wasser oder in den Himmel. Und irgendwann ist es hell. Wir könnten uns gleich drüben am Anleger einen Cappuccino holen, aber ich habe extra für diese 30 Minuten stilechten Hafengenuss am Morgen meine kleine Espressokanne dabei. Als der Kaffee in unseren Tassen dampft, sehe ich einem Containerschiff aus Panama hinterher, das gerade ausläuft. Ich frage mich, ob es machbar wäre, mit einem Kajak zumindest bis Helgoland die gleiche Route zu fahren. Warum eigentlich nicht?

LAGERN & BIWAKIEREN: RECHTLICHES

Verboten ist in Deutschlands freier Natur erst einmal nur das Zelten (das Übernachten in Auto, Wohnmobil und Wohnwagen sowieso). Wir dürfen uns aber immerhin in der Natur aufhalten. Halleluja! Das Bundesnaturschutzgesetz sagt in Paragraf 59 deutlich: »Das Betreten der freien Landschaft auf Straßen und Wegen sowie auf ungenutzten Grundflächen zum Zweck der Erholung ist allen gestattet (allgemeiner Grundsatz).« Für Waldgebiete gibt es zwar auch hier wieder den Verweis auf ländereigene Regelungen, aber der Grundsatz gilt erst einmal. Natur- und Landschaftsschutzgebiete bilden Ausnahmen, aber darauf gehe ich an späterer Stelle ausführlicher ein. Wir dürfen die Natur also grundsätzlich betreten, zum Zwecke der Erholung. Und was erholt mehr als ein paar Stunden Schlaf?!

Tatsächlich ist in keinem Gesetz ein Unterschied zwischen dem Erholen im Sitzen oder Liegen und auch keine zeitliche Begrenzung oder ein Passus zur Ausrüstung festgehalten. Erst beim Zelt wird das Gesetz wieder eindeutig und schiebt der Erholung einen Riegel vor. Das bedeutet: Im Schlafsack auf einer Isomatte oder in einer Hängematte zu liegen ist nicht explizit verboten, selbst ein Regenschutz (Tarp und/oder Biwaksack) ist es nicht.

Vielleicht sind wir zu erschöpft, um weiterzugehen, vielleicht wollen wir den Sonnenuntergang oder -aufgang, vielleicht auch die Sterne beobachten. Vielleicht warten wir auf eine ganz besondere Lichtstimmung für ein Naturfoto. Es gibt viele Gründe, glaubhaft zu machen, dass wir ein Recht haben (und das haben wir laut Gesetz tatsächlich!), uns hier »zum Zwecke der Erholung« aufzuhalten – völlig egal, ob sitzend, liegend oder hüpfend. Selbst ein ehrliches »Ich schlafe hier« wäre im Prinzip nicht verwerflich, aber da könnte die Grauzone bei manchem übermotivierten Gesetzesvertreter doch schon gehörig ins Schwarz übergehen. Klar sollte immer sein: Nicht länger als eine Nacht bleiben und den Ehrenkodex in Sachen Naturschutz einhalten (**mehr dazu auf Seite 133**). Apropos Naturschutz: Wie schon erwähnt, wird das grundsätzliche Recht auf den Aufenthalt in der Natur durch landeseigene, zum Teil auch kommunale Verordnungen eingeschränkt, wenn es um Naturschutz- und Landschaftsschutzgebiete geht. Auch Nationalparks, Naturparks oder Biosphärenreservate haben eigene Vorschriften.

Hier hilft nur eins: Ganz konkret und im Einzelfall nachlesen, was verboten ist. Das Verlassen der Wege bzw. Pfade gehört vor allem in Naturschutzgebieten meist dazu, hin und wieder ist auch das Lagern ganz explizit untersagt, unter anderem zum Beispiel im *Nationalpark Sächsische Schweiz*. Verboten ist in der Kernzone dieses Nationalparks das »Lagern und Nächtigen außerhalb geschlossener Gebäude«, jenseits der Kernzone das Lagern und Nächtigen »außerhalb von bebauten, eingefriedeten Grundstücken«. Allerdings gibt es im *Nationalpark Sächsische Schweiz* aufgrund der Klettertradition im Elbsandsteingebirge auch eine gesetzlich festgehaltene Ausnahmeregelung für Bergsportler: 58 sogenannte Boofen, Freiübernachtungsstellen, an denen es ausdrücklich erlaubt ist, zu biwakieren, sofern dies in Zusammenhang mit der Ausübung des Klettersports geschieht (was natürlich auch einen gewissen Interpretationsspielraum zulässt). Sogar der Einsatz von Campingkochern (gelten sonst als offenes Feuer und sind auch in diesem Nationalpark verboten) wird toleriert, wenn du eine nicht brennbare Unterlage verwendest.

// Eine Liste der 58 Boofen im Nationalpark Sächsische Schweiz findest du unter:
www.nationalpark-saechsische-schweiz.de/
besucherinformation/sonstiges/freiuebernachten

Im *Landschaftsschutzgebiet Sächsische Schweiz* (nicht im Naturschutzgebiet!) ist das Übernachten im Freien im Gegensatz zum Zelten übrigens »grundsätzlich gestattet«, mit Ausnahme des *Naturschutzgebiets Pfaffenstein*. Alles klar? Dieses Beispiel zeigt ganz gut, wie sehr es sich lohnt, genau hinzusehen, bevor wir unser Lager aufschlagen. Vor allem – und das sei an dieser Stelle noch einmal ganz deutlich gesagt – wenn es um das Übernachten in Natur- und Landschaftsschutzgebieten geht. Denn dort drohen nicht nur empfindliche Strafen, sondern die Vorschriften haben in der Regel gute Gründe, und wir sollten uns an sie halten.

Trotzdem gilt: Ranger und Förster sind naturverliebte Menschen. Das bedeutet zum einen, dass ihnen viel daran liegt, diese Natur zu schützen. Zum anderen können sie deshalb aber meist auch ein Bedürfnis nach Ruhe und Natur ganz gut nachvollziehen. Sprich: Wenn wir freundlich fragen und deutlich machen, dass wir uns verantwortungsbewusst verhalten, kann es selbst in einem Gebiet, wo das Übernachten generell verboten ist, heißen: »Ich zeige dir einen Platz, wo du heute Nacht mit meiner Erlaubnis bleiben kannst.« Genau diesen Satz habe ich schon von einem Ranger im Sauerland gehört. Er fügte aber auch hinzu, dass er generell immer davon abraten würde, im Dunkeln abseits der Wege unterwegs zu sein. Aus einem einfachen Grund: Er könne für die Sehstärke der ihm bekannten, zum Teil schon recht betagten Jäger nicht die Hand ins Feuer legen.

Man kann es nicht deutlich genug sagen: Das Prinzip des offensiven Kontaktaufnehmens, des »Einschwingens« auf die Gedankenwelt des anderen, eröffnet oft erstaunliche Möglichkeiten – und gibt immer ein gutes Gefühl.

Jetzt gehen wir mal von folgender Situation aus: Wir sind in einem Gebiet unterwegs, in dem das Lagern und Biwakieren nicht explizit verboten ist. Folgende Fragen stellen wir uns dann höchstwahrscheinlich (oder bestenfalls) schon im Vorfeld, wenn wir uns gedanklich mit dem Übernachten ohne Zelt in der freien Natur beschäftigen:

// Wie finde ich eine geeignete Stelle?
// Wovor muss ich Angst haben?
// Welche Ausrüstung brauche ich?

WO ÜBERNACHTEN?

Egal, ob mit Zelt oder ohne – die Kriterien für eine geeignete Stelle zum Übernachten sind prinzipiell die gleichen. Ohne Zelt bist du natürlich noch flexibler und schneller, was Auf- und Abbau betrifft, und du brauchst einen Tick weniger Fläche. Damit sind wir schon beim ersten Punkt:

// Du solltest eine Stelle finden, die möglichst eben ist.

Nichts nervt nachts mehr, als ständig von der Matte zu rutschen oder durch die Matte tiefe Löcher zu spüren. Selbst wenn der Boden gleichmäßig abfällt und du glaubst, mit dem Kopf nach oben ganz vernünftig schlafen zu können, wirst du später wahrscheinlich in dich hineinfluchen. Es gibt zwar Isomatten mit Anti-Rutsch-Beschichtung (du kannst dir deine Matte auch selbst mit kleinen Tupfern Silikonkleber präparieren), aber der Königsweg sind die auch nicht. Eine wunderbare Möglichkeit bei unebenem oder steinigem Boden ist die Hängematte – für die du allerdings Bäume oder andere Befestigungsmöglichkeiten brauchst (**mehr zum Schlafen in der Hängematte ab Seite 81**).

// Schlage dein Lager nicht in einer Senke auf.

Schon der gesunde Menschenverstand sagt uns: Sollte es regnen, wird sich genau an solchen Stellen zuerst Wasser sammeln. Selbst wenn der Regen nicht direkt über uns hinuntergeht, können Zuflüsse solche Mulden und Senken füllen (vor allem in den Bergen). Wenn wir das Wetter zuverlässig gecheckt haben, die Niederschlagswahrscheinlichkeit in der Region gleich null ist, aber ein starker Wind weht, können Mulden und Senken allerdings auch Schutz bieten, da der Wind je nach Größe und Tiefe über sie hinwegweht.

// Prüfe mögliche Auswirkungen von starkem Wind.

Generell ist es ratsam, eine wind- und damit auch meist schon etwas wettergeschützte Stelle zu suchen. Aber an diesem Punkt kommt für mich persönlich immer das Prioritäten-Karussell ins Rollen: Für einen guten Ausblick auf die Landschaft oder die Sterne oder für andere Annehmlichkeiten, die unter reinen Survivalkriterien sofort durchfallen würden, nehme ich zum Beispiel gerne Wind in Kauf. Ich nutze dann einfach einen winddichten Biwaksack (**mehr zu Biwaksäcken ab Seite 77**).

Ist starker Wind zu erwarten, solltest du vor allem im Wald gut prüfen, wie es über dir und um dich herum aussieht: Hängen lose Äste in den Baumkronen? Liegen Bäume schief und lose auf anderen auf? Bei Sturm solltest du den Wald am besten ganz meiden. Ich habe während der Nachwehen eines heftigen Herbststurms in einem Wald bei Hamburg in der Hängematte übernachtet und, da es früh dunkel war, vor dem Einschlafen noch viel Zeit gehabt, im Liegen die hin und her schwankenden Bäume über mir zu beobachten. Beruhigend war das nicht, vernünftig auch nicht, aber ich habe mir gesagt: »Wenn die in den letzten Tagen nicht umgefallen sind, werden sie es heute Nacht auch nicht tun.« Gott sei Dank habe ich recht behalten.

Einen Windschutz zu suchen, also zum Beispiel einen Felsen, eine größere Steinansammlung, eine Mauer, einen liegenden Baumstamm oder aufgestapeltes Holz, kann auch noch eine weitere, vor allem psychologisch wertvolle Funktion haben: Wir fühlen uns sicherer, weil wir nicht zu allen Seiten hin offen und »angreifbar« sind.

Besondere Vorsicht ist bei Felsen und steilen Hängen geboten: Lagere nie so, dass herunterfallende Felsbrocken oder Steine dich treffen könnten!

// Lege dich nicht direkt ans Wasser.

Das klingt ziemlich banal, aber es kommt immer wieder vor, dass Menschen von auflaufendem Wasser oder ansteigenden Flusspegeln überrascht werden. Es ist magisch, am Wasser zu übernachten, aber bevor wir das tun, sollten wir zumindest kurz unseren Verstand einschalten.

Für das Schlafen am Meer sind die entscheidenden Fragen: Wann ist Hochwasser? Bis wohin steigt es? Wie ist der Wellengang heute? Drückt der Wind das Wasser stärker herein als gewöhnlich? Anhand dieser Fragen sollten wir einen Punkt definieren, an dem wir in jedem Fall trocken bleiben – und uns von diesem Punkt dann noch einmal zehn Meter entfernen, um unser Lager aufzuschlagen. Alternativ können wir auch höher schlafen, wenn es die Umgebung hergibt, zum Beispiel auf einem Hügel, einer sicheren Kaimauer oder auf der Steilküste (hier natürlich nur mit gebührendem Abstand zur Abbruchkante!).

Der Wasserstand eines Flusses unterliegt zwar in den meisten Fällen keinen Gezeiten – es sei denn, wir befinden uns in der Nähe seiner Mündung ins Meer (an der Elbe und ihren Zuläufen gibt es von Hamburg bis zur Nordsee zum Beispiel einen extremen Tidenhub). Trotzdem kann auch der Pegel eines Flusses binnen kürzester Zeit sogar viel stärker und unberechenbarer ansteigen, nämlich dann, wenn es irgendwo oberhalb unseres Schlafplatzes zu starken Regenfällen kommt oder in den vergangenen Tagen gekommen ist. Es passiert durchaus auch, dass Zuläufe, Sperren oder Schleusen geöffnet werden. Um auf der sicheren Seite zu sein, sieh dir das Flussbett und das Ufer genau an, um ein Gefühl für die Wahrscheinlichkeit eines Pegelanstiegs zu bekommen, und lege dich im Zweifel lieber ein paar Meter von der Wasserkante entfernt bzw. erhöht schlafen.

// Keine Panik bei Gewitter!

Wenn ein Gewitter aufzieht, solltest du zusehen, dass du dich möglichst weit von Erhebungen und von Metall entfernst. Ohne Zelt bist du dabei klar im Vorteil: Du hast kein Gestänge um dich herum und bietest selbst auf einer flachen Wiese kaum einen Angriffspunkt für einen Blitzschlag. Allerdings ist die optimale Schutzhaltung, wenn du wirklich mittendrin bist, das Zusammenkauern im Hocken, da du auf diese Weise klein wirst und minimalen Kontakt zum Boden hast (je weiter deine Füße auseinanderstehen, desto größer die Chance, dass der Stromschlag durch dich hindurchfährt, wenn er über den Boden weitergeleitet wird).

In einem Tal bist du bei Gewitter grundsätzlich sicherer aufgehoben als auf einem Berg. Gewässer (auch kleine) solltest du genauso meiden wie allein stehende Bäume. Trägst du Gegenstände aus Metall am Körper, lege sie ab. Befinden sich welche in deinem Rucksack, hocke dich nicht direkt neben ihn. Auf der Isomatte bist du übrigens sicherer als direkt auf dem Boden. Grundsätzlich ist es im dichten Wald mit einigen Metern Abstand zu den Bäumen um dich herum am sichersten. Auch Felsspalten und Überhänge sind kein empfehlenswerter Aufenthaltsort, weil der Fels bei Gewitter mit hoher Wahrscheinlichkeit nass ist und Blitzschläge an der Oberfläche entlang in feuchte Spalten hineingeleitet werden.

Ruhigen Schlaf kannst du bei einem amtlichen Gewitter sowieso vergessen. Also suche dir einen möglichst sicheren Ort, hocke dich hin und trainiere deine Meditationsfähigkeit unter Einfluss von Ablenkung. In der Regel wird das Gewitter nicht allzu lange direkt über dir sein. Und ganz ehrlich: Die Wahrscheinlichkeit, dass sich überhaupt ein Blitz in deine unmittelbare Umgebung verirrt, ist sehr gering.

Wie nahe ein Gewitter ist bzw. ob es sich entfernt oder näher kommt, lässt sich über den zeitlichen Abstand von Blitz und Donner bestimmen: Jede Sekunde steht dabei für 343 Meter Abstand; diese Distanz legt nämlich der Schall pro Sekunde zurück.

// Störe niemanden und mach dich locker.

Im besten Fall kommst du beim Übernachten in der freien Natur nicht den Interessen anderer in die Quere und entfernst dich so weit von Wohngebiet und großen Straßen, dass du von dort nicht sichtbar bist. Wenn du dein Lager dann noch spät auf- und früh wieder abbaust, wirst du mit sehr hoher Wahrscheinlichkeit nicht mit besorgten, meckernden oder unverhältnismäßig gesetzestreuen »Locals« aneinandergeraten. Im Grunde genommen kannst du dieses unangenehme Szenario ganz aus deinem Kopf streichen – solange du nicht mit drei Kumpels und ebenso viel Kisten Bier samt Partymucke unterwegs bist oder deinen Müll in der Gegend verteilst, hast du normalerweise deine Ruhe.

Deswegen und überhaupt: Mach dir keinen Stress. Dein Lagerplatz muss nicht perfekt sein. Ich kenne Menschen, die nur deshalb noch nie draußen ohne Zelt übernachtet haben, weil sie nicht wissen, wo. Schlaf beim ersten Mal einfach dort, wo du es für okay hältst. Beim zweiten Mal wirst du dann schon eine erste Erfahrung, einen ersten Referenzwert haben – bei der dritten Übernachtung sind es bereits zwei.

Übernachtungsplätze kannst du vorab grob recherchieren.
Lass aber immer Raum für spontane Entscheidungen vor Ort!

GEFAHR IN DER NACHT: KOPFKINO

Das Thema Angst ist ein sehr präsentes, wenn es um das Draußen-Schlafen ohne Zelt geht. Ich will es nicht kleinreden, aber ganz nüchtern gesehen sollten wir mehr Angst davor haben, morgens auf die Straße zu treten oder uns ins Auto zu setzen. Die Wahrscheinlichkeit, dass uns etwas zustößt, ist dort nämlich deutlich höher.

Es ist die Dunkelheit der Nacht (oder schon der Gedanke daran), die den Vorhang aufzieht für die skurrilsten Vorstellungen unseres Kopfkinos. Die Wälder sind nachts nicht voll von Serienmördern, die nur darauf warten, dass sich ein unschuldiges Opfer unter irgendeinem Baum zum Schlafen legt. Sie würden ja selbst nach kürzester Zeit Wurzeln schlagen, weil sich an 999 von 1.000 Tagen niemand in ihre Nähe verirrt. Sollten nachts überhaupt Menschen da draußen unterwegs sein (ich hatte es bereits erwähnt: Die allermeisten liegen zu dieser Zeit in ihren Betten!) und würde der unwahrscheinliche Fall eintreten, dass sie dich überhaupt sehen, dann werden sie ziemlich sicher zügig weitergehen – weil ihnen selbst unwohl ist bei dieser nächtlichen »Begegnung«. Das sollten wir abspeichern: Begegnungen in der Dunkelheit sind 1. sehr selten und 2. für den anderen genauso merkwürdig wie für uns. Je lockerer und offensiver wir uns in solchen Situationen verhalten, desto eher löst sich die Spannung.

Weitere Hauptdarsteller in den Filmen, die in unserem Kopf ablaufen, sobald wir ans Draußen-Übernachten denken, sind Tiere. Mücken, Fliegen & Co nerven zwar mitunter, aber sie jagen uns selten Angst ein. Die Begegnungen mit ihnen sind wir aus der Helligkeit gewohnt. Es sind Wölfe, Wildschweine, Ratten und Mäuse, die wir nicht unbedingt treffen wollen. Rehe, Hirsche oder Hasen machen uns interessanterweise meist weniger Angst. Als ich mit einem Freund in der Eifel unterwegs war, näherte sich nachts ein Luchs – und überschlug sich selbst vor Angst, als wir uns lautstark bemerkbar machten.

Mit den meisten Tieren ist es tatsächlich genauso: Sie haben Angst vor Menschen. Und Tiere, die nachts unterwegs sind, können in der Regel auch ganz gut gucken in der Dunkelheit. Oder umso besser riechen. Oder beides. Sprich: Sie bemerken uns wahrscheinlich, noch bevor wir sie bemerken – und machen einen Bogen um uns. Es ist mir auch noch nie passiert, dass ein Käfer oder eine Spinne nachts in meinen Schlafsack gekrochen ist. Natürlich sind vor allem Kleintiere durchaus dort unterwegs, wo wir lagern. Und möglicherweise machen sie Geräusche. Das kann ganz schön nervenaufreibend sein. In einer kalten Märznacht im Hirschbachtal bei Nürnberg habe ich einmal 30 Minuten lang immer wieder mit meiner Taschenlampe in die Richtung geleuchtet, aus der ein lautes Rascheln kam, um irgendwann festzustellen: Es ist eine kleine Maus, die durch das Laub am Boden huscht. Ich hätte schwören können, dass es mindestens ein Fuchs war. Die Maus schien sich aber in keinster Weise für mich zu interessieren, und so schlief ich beruhigt ein.

Zwei Dinge halte ich für entscheidend, wenn es um die Begegnungen mit Tieren in der Nacht bzw. das Vermeiden solcher Begegnungen geht:

// Mach dich bemerkbar! Hörst du ein Geräusch, dass dich nervös werden lässt, rede oder rufe laut. Zusätzlich kannst du mit deiner Taschen- oder Stirnlampe in die Richtung leuchten, aus der das Geräusch kam. Das verstärkt den Abschreckeffekt und beruhigt dich vielleicht, weil du erkennst, wer da stört. Oder besser: Wen du störst! Denn schließlich – das sollten wir nie vergessen – sind wir die Gäste da draußen. Wildschweine können allerdings gereizt auf Licht reagieren. Hörst du also ein Schnauben und Blasen, lass die Lampe lieber aus und rede einfach laut.

// Verstaue Lebensmittel und Essenreste! Wenn ein Teller mit Resten des Abendessens, ein Apfel oder Brotkrümel neben dir liegen, steigt die Wahrscheinlichkeit des nächtlichen Besuchs deutlich. So ein Festmahl gibt es hier draußen schließlich selten. Deshalb achte wirklich penibel darauf, alles Essbare luftdicht zu verschließen und auch dreckiges Geschirr bestmöglich zu verstauen – optimalerweise hängst du beides zusammen mit deinen ebenfalls luftdicht verschlossenen Abfällen in einen Baum oder irgendwohin, wo es vom Boden aus nicht erreichbar ist. Hast du fettige Finger vom Salamischneiden, wasche sie dir, bevor du dich schlafen legst (das freut auch deinen Schlafsack).

An der Bode im Harz. Diese offene Schutzhütte kam in einer nassen Nacht ganz gelegen. Oben links hängt die Mülltüte.

Auf einige Tierarten möchte ich im Folgenden noch etwas detaillierter eingehen: Wölfe und Wildschweine. Wölfe sind vor allem deshalb ein Thema, weil sie sich in Deutschland immer weiter verbreiten und ein Furcht einflößendes Image haben, Wildschweine, weil auch sie mehr werden und die wahrscheinlichste Gefahr darstellen, wenn wir draußen schlafen.

// **Wölfe:** Der Wolf ist seit einigen Jahren wieder präsent in Deutschland. Das bedeutet nicht, dass die Wahrscheinlichkeit, in der freien Wildbahn auf einen oder gar mehrere zu treffen, besonders hoch ist. 60 Rudel und 13 Paare verzeichnete eine Erhebung der *Dokumentations- und Beratungsstelle des Bundes* zum Thema Wolf für das »Monitoringjahr 2016/2017«. Bis auf zwei Paare in Bayern wurden alle Tiere in Brandenburg, Sachsen, Sachsen-Anhalt, Mecklenburg-Vorpommern und Niedersachsen verortet. Die Diskrepanz zwischen menschlicher Angst und realer Bedrohung ist beim Wolf besonders groß. Die Gebrüder Grimm haben mit ihren Märchen sicher viel dazu beigetragen. In der Regel sind Wölfe nämlich scheu und gehen Menschen aus dem Weg, wo sie können. Nur: »In der Regel« beruhigt nicht wirklich. Immer wieder heißt es auch, Wölfe seien nur aggressiv, wenn sie Tollwut haben. Dann fragen wir uns zurecht: »Ja, und? Was bringt mir das? Vielleicht hat dieser hier ausgerechnet Tollwut?« Nun, Deutschland gilt seit 2008 als tollwutfrei. Ein Restrisiko können wir aber natürlich nie ausschließen.

Fakt ist: Seitdem sich in Deutschland wieder Wölfe angesiedelt haben, ist kein schwerwiegender Fall aggressiven Verhaltens gegenüber Menschen dokumentiert. Fakt ist aber auch: Der Wolf ist zum einen ein Raubtier und deshalb nie hundertprozentig berechenbar, zum anderen ist er lernfähig – und könnte zum Beispiel an einem bestimmten Ort mit Nachdruck etwas zu essen einfordern, wenn er dort schon einmal von Menschen gefüttert wurde.

Was also tun im sehr unwahrscheinlichen Fall, auf einen Wolf zu treffen? Aufrichten, groß machen, abwarten, gegebenenfalls in die Hände klatschen, laut reden – und entspannen. Weil Isegrim dann sicher schon längst weitergezogen ist.

// Wildschweine: Wildschweine fressen (fast) alles, was sie kriegen können. Das führt sie vor allem durch den Maisanbau auf ihrer Futtersuche auch verstärkt in Richtung besiedelter Gebiete. Sogar innerhalb von Städten durchwühlen sie zum Teil Parks oder Mülleimer – sie sind nämlich gar nicht so doof, wie sie vielleicht aussehen, und wissen: Hier werden sie nicht gejagt (und vielleicht sogar gefüttert). Die zwei Wildschweine, die vor 15 Jahren auf dem Berliner Alexanderplatz auftauchten, hatten sich allerdings verkalkuliert und wurden waidmännisch handlungsunfähig gemacht. Berlin gilt übrigens als Hauptstadt der Wildschweine. Die Berliner Forstverwaltung schätzt den Bestand im unmittelbaren Stadtgebiet auf rund 4.000 Tiere. Grundsätzlich sind auch Wildschweine in der freien Wildbahn scheu gegenüber Menschen. Männchen in der Paarungszeit (November bis Januar) und Weibchen mit Frischlingen (die meist zwischen März und Mai geboren werden) sowie verletzte Tiere können sich aber aggressiv gegenüber Menschen verhalten. Und das kann durchaus gefährlich werden: Wildschweine haben ein kräftiges Gebiss, scharfe Zähne, einen massigen Körper und sind sauschnell. Es kommt allerdings sehr selten vor, dass ein Wildschwein einen Menschen angreift.

Wenn du dennoch das Schnauben eines Wildschweins hörst, stelle fest, aus welcher Richtung es kommt, und ziehe dich ruhig zurück. Wenn du das Tier sehen kannst, behalte es im Blick, ohne ihm direkt in die Augen zu sehen. Liegt ein halbwegs kletterbarer Baum oder ein Hochsitz auf deinem Rückzugsweg – dann rauf mit dir!

In der Nacht ist ein Rückzug vom Lagerplatz allerdings nichts, was große Freude macht. Er wird auch nicht nötig sein! Weil du die Tiere nicht überraschst, wenn du irgendwo herumliegst. Sollten Wildschweine in der Nähe sein, riechen sie dich sehr früh und machen einen Bogen um dein Lager. Um ruhiger schlafen zu können, checke die Umgebung auf aufgewühlten Boden und Schlammlöcher, bevor du dein Lager aufschlägst. Beides sind Anzeichen dafür, dass Wildschweine unterwegs sein könnten.

Ich bin übrigens auch deshalb ein großer Freund des Schlafens in der Hängematte, weil ich in ihr mindestens einen halben Meter (und nach Bedarf auch noch höher) über dem Boden schwebe. Das beruhigt die Nerven.

AUSRÜSTUNG FÜR DRAUSSEN-NÄCHTE

Weil das Zelten in Deutschlands freier Natur verboten und der Abenteuerfaktor nur mit Schlafsack sowieso ungleich größer ist, geht es auf den folgenden Seiten einzig und allein um die Frage: Welche Ausrüstung brauche ich für das Draußen-Übernachten ohne Zelt? Übrigens: Eine Notunterkunft aus Ästen, Zweigen und Blättern gilt streng genommen nicht nur als Zelt, sondern sogar als »bauliche Veränderung«. Wenn du tatsächlich glaubhaft machen kannst, dass du sie aus einer Notlage heraus errichtet hast, wird dir niemand eine Strafe aufbrummen. Wenn du aber offensichtlich nur ein bisschen Bushcraft oder Survival spielst, kannst du vor allem in Natur- und Landschaftsschutzgebieten echte Probleme bekommen (mehr zu Notunterkünften und anderen Survival-Basics findest du ab Seite 136).

In diesem Kapitel geht es um die wichtigsten Ausrüstungsgegenstände für eine gute Nacht unterm Sternenhimmel: Schlafsack, Biwaksack, Isomatte, Hängematte, Tarp und Stirnlampen – inklusive konkreter Produkttipps.

An einem Gebirgsbach in Österreich. Gerade im alpinen Raum solltest du auch ausrüstungsmäßig auf alles vorbereitet sein.

DER SCHLAFSACK

Morgensonne im Hirschbachtal bei Nürnberg. »Pass auf, dass sie dich nicht anzünden«, hatte meine Schwiegermutter mir noch mit auf den Weg gegeben. Keine Sorge: Die Wärmeleistung des Schlafsacks ist deutlich wichtiger als die Frage, ob er brennt.

Der Schlafsack soll uns in der Nacht, wenn wir uns nicht bewegen und die Außentemperaturen sinken, warm halten. Genauer gesagt: Er soll durch seine Isolation dafür sorgen, dass unsere Körperwärme nicht einfach in die Nacht hinausströmt. Nun sind dünne Luftschichten von bis zu drei Zentimetern sehr schlechte Wärmeleiter – und ein Schlafsack erreicht seine Isolationsfähigkeit durch sehr viele solcher kleinen Luftpölsterchen, die zwischen den Außenschichten, den einzelnen Teilen des Füllmaterials, teilweise sogar im Füllmaterial selbst entstehen. Daunenfedern oder spezielle Kunstfasern eignen sich besonders gut als Schlafsackfüllung, weil sie dicht zusammengepresst werden können (im Packsack), sich aber auch schnell wieder aufplustern. Es gibt zwar auch Schlafsackfüllungen aus Schaf- oder Holzwolle, die in Zukunft noch leichter und damit zu echten Alternativen werden könnten, aber in der Regel wird deine Entscheidung zwischen einer Daunen- und einer Kunstfaserfüllung fallen.

VOR- UND NACHTEILE EINES DAUNENSCHLAFSACKS

// Bestes Verhältnis von Isolierfähigkeit zu Gewicht und Packmaß (ausgehend von einer qualitativ hochwertigen Daune und einem hohen Anteil an voluminösen Daunenfedern, minderwertige Produkte enthalten oft eine Füllung mit einem hohen Anteil Kleinfedern). Daumenregel: Bei gleichem Temperaturbereich wiegt ein Daunenschlafsack etwa ein Drittel weniger als ein Kunstfaserschlafsack.
// Natürliches Schlafklima und hohe Atmungsaktivität.
// Daunen verklumpen schnell, wenn sie feucht werden, und verlieren dann deutlich an Wärmeleistung. Wird ein Daunenschlafsack feucht (durch Feuchtigkeit von außen oder Kondensation), muss er gut trocknen.
// Sollte nicht komprimiert gelagert und nur dann gewaschen werden, wenn es unbedingt sein muss.
// Bei entsprechendem Umgang sehr lange Lebensdauer.
// Teurer als ein Kunstfaserschlafsack (bei Modellen mit vergleichbarer Wärmeleistung).

VOR- UND NACHTEILE EINES KUNSTFASERSCHLAFSACKS

// Die Kunstfasern nehmen kaum Feuchtigkeit auf, trocknen schnell und isolieren selbst in feuchtem Zustand relativ gut.
// Im Vergleich zum Daunenschlafsack ist der Kunstfaserschlafsack schwerer und hat ein größeres Packmaß (bei Modellen mit vergleichbarer Wärmeleistung).
// Relativ unempfindlich und pflegeleicht: trocknet schnell, kann komprimiert gelagert und mit gutem Gewissen auch mal gewaschen werden.
// Bei vergleichbaren Leistungsmerkmalen deutlich günstiger als ein Daunenschlafsack.
// Im Vergleich zur Daune schwerer.
// Weniger natürliches Schlafklima.

Sowohl Daunen- als auch Kunstfaserschlafsäcke haben klare Vorteile zu bieten (siehe Aufstellung links). Für mich persönlich verschiebt sich die Pro-Kontra-Waage bei Mikroabenteuern deutlich zugunsten des Daunenschlafsacks: Wenn ich nur eine Nacht unterwegs bin, muss der Schlafsack am Morgen ja nicht zwingend durchtrocknen, bevor ich weiterziehen kann – ich hänge ihn einfach zu Hause auf, wenn ich zurück bin. Allerdings achte ich beim Einsatz eines Daunenschlafsacks noch mehr darauf, dass er nicht durch Kondenswasser feucht wird, sprich: Ich reguliere das Klima möglichst so, dass ich nicht schwitze. Nutze ich einen Biwaksack (in einer feuchten Nacht mit Daunenschlafsack immer zu empfehlen), müsste dieser atmungsaktiv sein. Ich bin aber auch immer wieder mit einem Kunstfaserschlafsack unterwegs (zum Beispiel, wenn Regen oder Nebel angesagt ist und ich mehr als eine Nacht draußen schlafe) und freue mich dann über das entspannte Handling.

Gewicht und Kosten werden neben den Isoliereigenschaften sicher die entscheidenden Faktoren bei der Schlafsackwahl sein. Aber ob du lieber »ultralight« unterwegs bist oder dir 300 Gramm mehr oder weniger völlig egal sind, das kannst nur du selbst sagen. Sicher wird das Gewicht wichtiger, je länger dein Trip dauert, aber bei einem Mikroabenteuer beruht seine Relevanz vor allem auf ganz persönlichen Prioritäten und Vorlieben.

Zu jedem Schlafsack-Modell gibt es Angaben über den Temperatur-Einsatzbereich. Du wirst immer Temperaturwerte für den Komfortbereich (»Comfort«), den Grenzbereich (»Limit«) und den Extrembereich (»Extreme«) finden. Diese Werte werden unter Laborbedingungen ermittelt – mit auf Körpertemperatur erwärmten Gliederpuppen, die nur Unterwäsche und eine Mütze tragen. Oben rechts erfährst du, was diese Bereiche für dich und die Wahl des richtigen Schlafsacks bedeuten.

// Komfortbereich: Die Temperatur, bei der die Norm-Frau (25 Jahre, 60 kg, 160 cm) gerade noch nicht friert.

// Grenzbereich: Bis hierhin schläft der Norm-Mann (25 Jahre, 70 kg, 173 cm) noch, ohne zu frieren.

// Extrembereich: Hier geht es für die Norm-Frau schon ums Überleben, und die Temperaturen sind kaum noch auszuhalten.

Da diese Werte aufgrund des unterschiedlichen Bezugs zu Mann oder Frau etwas verwirren können, weisen einige Hersteller inzwischen separate Temperaturbereiche für Männer und Frauen aus, andere machen zusätzlich zu den oben genannten Pflichtangaben noch allgemeine (wie zum Beispiel *Mountain Equipment* mit seiner »Good Night's Sleep Temperature«). Natürlich können all diese Angaben aber nur Näherungswerte sein, denn wir lassen uns nicht so einfach in Schubladen stecken: Es gibt männliche Frostbeulen und hartgesottene Frauen. Auch der aktuelle körperliche Zustand spielt eine Rolle: Bin ich krank, müde, erschöpft oder topfit? Orientieren sollten wir uns aber definitiv am Komfortbereich des Schlafsacks. Erhöhen können wir die Wärmeleistung immer noch – zum Beispiel durch lange Unterwäsche, ein Inlett oder einen Biwaksack, der den Wind abhält.

Ein Inlett aus Baumwolle, Merinowolle, Seide oder auch Microfleece kann die Wärmeleistung zum Beispiel um bis zu 5 Grad erhöhen. Zusätzlich schützt es deinen Schlafsack vor Verschmutzungen wie ein Bettbezug die Matratze. Du solltest beim Kauf allerdings darauf achten, dass die Form des Inletts zu deinem Schlafsack passt (Mumie vs. Rechteck). Merinowolle und Seide sind natürliche Materialien, die sehr klimaregulierend wirken und kaum Geruch aufnehmen, Microfleece besteht aus Kunstfasern, ist angenehm weich und vor allem für kalte Temperaturen geeignet. Von Baumwoll-Inletts würde ich beim Draußen-Übernachten die Finger lassen, da sie sich schnell mit Kondensfeuchtigkeit vollsaugen.

Die Daunenschlafsäcke der Linie *Passion* des deutschen Herstellers *Yeti* sind ultraleicht und von extrem hoher Qualität. Das kostet: beim **Yeti Passion Three** mit einer Komforttemperatur von 7 Grad ein wunderbarer Sommerschlafsack, den du aber auch noch im Frühling und Herbst verwenden kannst, zum Beispiel 500 Euro Herstellerpreis (du bekommst ihn aber online auch deutlich günstiger). Gewicht: 470 Gramm! Der **Mountain Equipment Classic 500**, ebenfalls mit Daunenfüllung, wiegt ungefähr doppelt so viel, kostet aber auch nur 280 Euro bei einer Komforttemperatur von 0 Grad. Die Kunstfaser-Modelle der *Tarius*-Linie von *Haglöfs* bieten ein extrem gutes Preis-Leistungs-Verhältnis. Der **Haglöfs Tarius +1** (also das Modell mit einer Komforttemperatur von +1 Grad) liegt offiziell bei 120 Euro, du hast aber eine gute Chance, ihn unter 100 Euro zu bekommen, wenn du online Preise vergleichst. Gewicht: rund 1.300 Gramm. Die *Gorms-son*-Kunstfaserschlafsäcke von *Nordisk* sind eine gute Wahl, wenn es richtig kalt wird: Der **Nordisk Gormsson –20** hat eine Komforttemperatur von -10 Grad, wiegt 2.200 Gramm und kostet laut Herstellerangaben 279 Euro.

DER BIWAKSACK

Ein Biwaksack ist eine wasser- und windfeste Hülle für einen Schlafsack. Für mich ist der Biwaksack zentraler Bestandteil der Mikroabenteuer-Ausrüstung, weil er in Sachen Wetterschutz – mehr oder weniger – das Zelt ersetzen und die Wärmeleistung des Schlafsacks deutlich heraufsetzen kann. Ein Biwaksack ist außerdem leicht und sehr klein verpackbar. Einfache Modelle sind schon für sehr wenig Geld zu haben.

Einen wasserdichten Biwaksack zu produzieren ist keine große Herausforderung und auch nicht teuer. Der entscheidende Punkt beim Biwaksack ist die Atmungsfähigkeit des Materials. Lässt es keine Feuchtigkeit von innen nach außen, sammelt sich das Kondenswasser nachts an der Innenseite, der Schlafsack wird feucht und verliert an Isolierfähigkeit (besonders bei Daunenschlafsäcken relevant, **siehe Seite 73**). Das kann sich ein bisschen so anfühlen, als würdest du in einer Plastiktüte schlafen – was du unter Umständen, je nach Modell, letztendlich auch tust.

Ich habe bei Minusgraden und Schneesturm auf 2.000 Metern Höhe in einem Notbiwaksack für 20 Euro geschlafen. Das ging sehr gut für eine Nacht. Vorziehen würde ich aber immer ein atmungsaktives Modell, das genügend Bewegungsfreiheit und Platz bietet, um bei Bedarf auch noch nasse Schuhe, ein Buch oder Akkus mit aufzunehmen.

Die Grenze vom Biwaksack zum Zelt verläuft mittlerweile fließend. Es gibt hochpreisige Biwaksack-Modelle mit einem kleinen Gestänge im Kopfbereich, über das sich der Biwaksack aufspannen lässt und ein Mini-Zelt entsteht, inklusive Moskitonetz. Gefühlt endet genau bei den Modellen mit Gestänge aber auch die rechtliche Grauzone für das Übernachten »ohne Zelt«. Ein dünner Draht, der bei einigen Modellen bei Bedarf das Aufspannen im Kopfbereich ermöglicht, fällt für mich dagegen noch in den Bereich »tolerierbar«. Auf der folgenden Seite findest du Biwaksack-Modelle, die meiner Erfahrung nach gute Dienste leisten:

> Der **Ortovox Bivy Single** ist ein einfacher, leichter, nicht atmungsaktiver Biwaksack für 59 Euro. Modelle mit atmungsaktiver Membran werden schnell deutlich teurer: Der **Exped Ventair/PU** zum Beispiel kostet offiziell 259 Euro (und bietet sehr viel Platz sowie ein aufstellbares Kopfteil mit Moskitoschutz), das **Carinthia Expedition Cover Gore** kostet sogar 299 Euro, ist aber auch komplett mit Gore-Tex-Membrane versehen.

Einige wenige Hersteller bieten übrigens auch wasserdichte Schlafsäcke an. Dabei wird eine wasserdichte Außenhaut auf dem Füllmaterial befestigt. Das Problem dabei: Normalerweise wird eine Außenhaut aufgenäht, damit sie hält. Die Nahtstiche würden eine wasserdichte Hülle aber undicht machen. Die Firma *Exped* arbeitet bei ihren *Waterbloc*-Modellen deshalb mit einer Klebetechnik. Durchgesetzt haben diese Varianten sich bislang allerdings nicht. Denn Wasserdichte verringert die Atmungsaktivität. Ein separater Biwaksack bietet viel mehr Optionen, das passende Set-up zu wählen.

Im Schnee auf 2.000 Metern Höhe. Selbst ein einfacher Biwaksack kann in einer solchen Situation effektiven Schutz leisten.

DIE ISOMATTE

Warum brauchen wir überhaupt eine Isomatte? Ganz einfach: Die Isolierwirkung der Schlafsackfüllung ist dort, wo sie extrem verdichtet wird, sehr gering. Und mit unserem Körpergewicht komprimieren wir die Füllung zwischen uns und dem Boden nun mal extrem. Eine Isomatte gleicht diesen Effekt aus und schützt gegen Bodenkälte.

Es gibt unterm Strich zwei Arten: Die aufrollbare oder faltbare (aber nicht komprimierbare) Schaumstoffmatte und die aufblasbare (komprimierbare) Thermomatte. Klassische Luftmatratzen sind erstens zu schwer und haben zweitens keine Füllung, sodass die Luft in ihnen zirkulieren kann, was wiederum zu einer miesen Isolierleistung führt.

Schaumstoffmatten sollten aus einem Material bestehen, das kein Wasser aufnimmt (billige aus PE-Schaumstoff saugen sich in der Regel schnell voll). Sie sind tendenziell leichter als Thermomatten, aber auch sperriger. Allerdings sind sie auch deutlich unempfindlicher und von einer Sekunde auf die nächste einsatzbereit.

Aufblasbare Thermomatten haben den großen Vorteil einer Füllung, die sehr gut isoliert, wenn sie durch Luft aufgebauscht wird. Sie lassen sich komprimieren, wenn die Luft wieder herausgepresst wird, sind aber auch empfindlich gegen spitze Gegenstände (deshalb immer Flickzeug dabeihaben!). Die Bezeichnung »selbstaufblasend« relativiert sich in der Praxis meist. Denn damit eine Thermomatte sich über das entsprechende Ventil vollständig selbst füllt, kann es schon mal einige Stunden dauern. Du kannst aber selbst nachhelfen, indem du hineinpustest. Da feuchte Atemluft im Inneren der Matte suboptimal ist, gibt es mittlerweile hauchdünne, federleichte Pumpsäcke, mit denen du Umgebungsluft »einfangen« und in die Matte pressen kannst.

Beim Füllmaterial gibt es immer wieder erstaunliche Innovationen: Einige Hersteller bieten inzwischen Thermomatten mit Daunen an – was die Isolierleistung deutlich erhöht.

Die wichtigsten Hersteller von Isomatten sind
Therm-a-Rest, Exped, Sea to Summit und **Klymit**.
Jeder dieser Hersteller setzt auf ein eigenes Design
(Querrillen, Längsrillen, »Eierkarton«, innovative
Muster und Aussparungen). Wenn du dir eine neue
Matte zulegen willst, sieh dir folgende Modelle
genauer an: Die *NeoAir*-Linie von *Therm-a-Rest*,
die *Inertia*- und die *V-Ultralite*-Modelle von *Klymit*,
die *Comfort Plus S.I. Sleeping Mat* von *Sea to
Summit* und die *Downmats* von *Exped*.
Superleichter und funktionaler Klassiker
unter den Schaumstoffmatten ist die
Z Lite von *Therm-a-Rest*.

Am wilden Elbstrand bei Hamburg. Wenn du keine Rekorde
aufstellen willst und insgesamt nicht viel Gepäck hast, kannst
du bei der Isomatte guten Gewissens auf Komfort setzen.

DIE HÄNGEMATTE

Direkt vorweg: Ich liebe sie! Seit ich vor einer gefühlten Ewigkeit während einer großen Südamerika-Reise zum ersten Mal wochenlang in Hängematten geschlafen habe, weiß ich, dass man in ihr unfassbar bequem liegen kann. Genau das können sich viele Menschen nicht vorstellen. Weil die Form so komisch ist. Weil sie sich sicher sind: Wenn das Ding dahängt wie eine Banane, werde auch ich darin liegen wie eine Banane. Stimmt nicht! In einer Hängematte zu schlafen macht den Rücken nicht kaputt, ich würde es sogar als wirksames Gegenmittel bei Rückenschmerzen empfehlen.

Das Geheimnis ist die Liegeposition: Südamerikaner liegen diagonal in ihren Hängematten. Dadurch wird das Tuch so aufgespannt, dass der Kopf auf der einen Seite, die Füße auf der anderen liegen bzw. »herausgucken«. Der Körper befindet sich in der Horizontalen. Querstäbe sind übrigens ziemlicher Quatsch – die Hängematte verliert ihre Funktion samt Wohlfühlfaktor dadurch völlig.

Hängematten-Set-up in der Lüneburger Heide bei Minusgraden.
Ein sogenannter Underquilt isoliert die Hängematte von unten.

Das sanfte Schaukeln in der Hängematte hat (zumindest auf mich) außerdem einen sehr beruhigenden Effekt. Wie schon beschrieben, beruhigt die Hängematte auch das Kopfkino (Stichwort Tierbesuch), weil ich in ihr mindestens 50 Zentimeter über dem Boden hänge. Es spräche also alles und immer für die Hängematte, wenn es nicht zwei Nachteile gäbe, die nur zum Teil aufzufangen sind:

1. Dort, wo der Schlafsack durch das Köpergewicht komprimiert ist, wird es in einer kalten Nacht ziemlich frisch. Ich hänge ja quasi mit dem Hintern in der Luft. Englischsprachige Hängematten-Freaks nennen dieses Problem deshalb auch das *Cold Butt Syndrome* (kurz: *CBS*).

2. Eine Hängematte lässt sich nicht überall aufhängen. Wenn ich nicht genau weiß, dass ich dort, wo ich übernachten möchte, Bäume oder andere Hängemöglichkeiten finde, sollte ich eine Alternative, sprich Isomatte, dabeihaben.

Auf der anderen Seite ermöglicht die Hängematte es mir manchmal, an weitaus spektakuläreren Plätzen zu übernachten, als es auf der Isomatte möglich wäre: zum Beispiel nahe am oder sogar über dem Wasser und dort, wo ich steinigen, extrem unebenen Boden vorfinde. Als ich die Nacht im Hamburger Hafen mit Blick auf das Lichtermeer der Containerschiffe verbracht habe, war das so nur möglich, weil ich mit der Hängematte direkt über den Steinen hing, die die Uferböschung befestigen. Mein Freund Torsten, der bei diesem Mikroabenteuer mit seiner Isomatte unterwegs war, schlief ein paar Meter weiter hinter den Büschen.

Das *Cold Butt Syndrome* lässt sich mit ein bisschen Zusatzausrüstung bekämpfen: entweder einfach eine Isomatte in die Hängematte hineinlegen, was mir persönlich das Hängematten-Feeling ziemlich zerstört (es gibt allerdings erste spezielle Isomatten-Modelle für Hängematten, wie die *Klymit Hammock V*), auf ein Hängemattenmodell zurückgreifen, das der Unterseite ein Einschubfach für eine Isomatte hat (schon

82

besser, weil die Matte dann nicht verrutscht) oder einen sogenannten »Underquilt« verwenden. Underquilts sind schlafsackähnliche Isolierdecken, die direkt unter die Hängematte gehängt werden (meine Lieblingslösung). Es gibt sie genau wie Schlafsäcke mit Daunen- und Kunstfaserfüllung sowie mit unterschiedlicher Wärmeleistung. Theoretisch kannst du auch versuchen, eine Isomatte mit *in* den Schlafsack zu nehmen. Allerdings passt das je nach Schlafsack- und Isomatten-Modell meist eher schlecht als recht – und wirklich bequem ist es auch nicht.

Eine Hängematte, die du durch die Gegend schleppst, sollte leicht sein. Baumwolle als Material geht natürlich auch, ist zumindest gewichtsmäßig aber kein Vergleich zu Hängematten aus reißfester Fallschirmseide. Es gibt auf dem Markt auch immer wieder Doppelhängematten, aber mach dir nicht die Hoffnung, in einer Hängematte zu zweit vernünftig schlafen zu können. Die Doppelmodelle sind eher was für das Chillen auf der Terrasse oder im Park – oder natürlich, wenn du für dich selbst mehr Platz haben willst.

Für die Liegeposition entscheidend und absolute Kernkompetenz des Hängematten-Fans ist das richtige Aufhängen. Die Befestigung an sich ist zwar auch wichtig (hier gibt es von fast allen Hängemattenherstellern brauchbare Systeme), aber besonders interessant sind die Fragen: In welchem Abstand müssen die Bäume optimalerweise stehen? Und in welcher Höhe befestige ich die Hängematte? Diese Faktoren bestimmen nämlich, wie tief und in welchem Winkel die Hängematte durchhängt. Und nur wenn alles halbwegs passt, ist das Diagonalliegen und damit gutes, gesundes Schlafen in der Hängematte möglich.

Das mag sich abgedreht anhören, aber es gibt wirklich Freaks, die anhand ausgeklügelter Formeln Hängematten-Rechner programmieren. Der Amerikaner Derek Hansen ist so einer: Auf seiner Website *www.theultimatehang.com* kannst du genau errechnen, in welcher Höhe du die Hängematte befestigen musst – abhängig vom Abstand der Bäume, die dir zur Verfügung stehen, deinem Gewicht, der bevorzugten »Sitzhöhe«, dem gewünschten Winkel (hier empfiehlt Derek wie viele andere 30 Grad) und der Länge der »Ridgeline«.

Die Verwendung einer Ridgeline ist ein großartiger Kniff, um die Hängematte stets passend aufzuhängen – selbst wenn du nicht gerade einen »Hammock-Calculator« zur Hand haben solltest: Sobald du eine richtig gute Hängevariante für deine Hängematte gefunden hast, eine, die dir bequemes Liegen und Schlafen ermöglicht, dann spanne eine Schnur zwischen den Endpunkten der Hängematte, sodass sie straff ist, aber nicht total auf Spannung. Baust du deine Hängematte jetzt ab, lässt du die Schnur einfach dran. Jedes Mal, wenn du die Hängematte wieder aufbaust, musst du dann nur so lange herumprobieren, bis die Schnur zwischen den Enden der Hängematte wieder gespannt ist. Das kann allerdings manchmal bedeuten, dass du die Aufhängung verlängern oder verkürzen musst.

Eine Ridgeline hat aber noch weitere Vorteile: Du kannst an ihr deine Taschenlampe befestigen oder kleine Aufbewahrungstaschen für anderen Kram, den du gerne griffbereit hast. Du könntest sogar ein Moskitonetz darüberziehen (professionelle Mückenschutzsysteme für Hängematten werden ganz ähnlich angebracht).

Übrigens gibt es nicht nur in Übersee Nerds: Im deutschsprachigen Portal *www.haengemattenforum.de* hat sich der User *Waldläufer70* die Mühe gemacht, Derek Hansens Hängematten-Rechner so umzuprogrammieren, dass er auch ohne Angabe der Ridgeline-Länge funktioniert. Das entsprechende, excelbasierte Formular ist nur über einen sehr kryptischen Link zu erreichen. Ich habe deshalb folgenden Shortlink generiert: *http://bit.ly/2o1Y5Om.* Alternativ: *Google!*

Auf Seite 85 findest du einige
Richtwerte für das Aufhängen der Hängematte
sowie konkrete Hersteller-Empfehlungen.

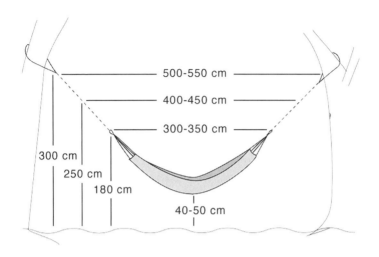

5–6 Meter Baumabstand bei einer Aufhängehöhe von 3 Metern sind ein guter Richtwert, wenn das Seil lang genug ist. Wenn du die Hängematte nicht so hoch anbringen kannst, musst du das Seil entsprechend kürzen. Der Winkel zwischen Seil und Horizontale bzw. Boden sollte etwa 30 Grad betragen.

Hervorragende, leichte und durchdachte Hängematten-Systeme (Hängematten sowie passende Aufhängungen, Moskitonetze, Tarps und Underquilts gibt es zum Beispiel von **Amazonas** und **DD Hammocks**. Die Ultraleicht-Versionen sind dabei deutlich teurer – aber eben auch leichter! *DD Hammocks* hat auch praktische Netzbeutel für Kleinkram zur Befestigung an der Ridgeline. Dafür kannst du aber jeden kleineren Packsack verwenden. Baumrindenschutz gibt es vom Slackline-Spezialisten *Gibbon*.

DRAUSSEN
UNTERWEGS

MIKROABENTEUER ZU FUSS

Querfeldein im Harz. Viele Ecken kannst du nur zu Fuß erreichen.
Vor allem kannst du von überall ohne großen Aufwand starten.

Zu Fuß unterwegs zu sein ist die einfachste und archaischste aller Möglichkeiten. Weil du dafür streng genommen gar nichts brauchst, außer dich selbst. Das dampft den beim Thema Mikroabenteuer ohnehin schon sehr flachen Ausredenpool weiter ein. Zu Fuß bist du außerdem in einer Geschwindigkeit unterwegs, die dich deine Umgebung bewusster wahrnehmen lässt. »Nur wo du zu Fuß warst, bist du wirklich gewesen.« Ein Zitat von Goethe – zeitlos und Wasser auf die Mühlen aller Wanderprediger.

Weil jede Seite zwei Medaillen hat, ist der Radius beim Wandern natürlich kleiner als beispielsweise beim Radfahren. Du kannst aber auch etwas weiter entfernte Gebiete in einem Mikroabenteuer erlaufen, wenn du mit der Regionalbahn zum Startort hüpfst bzw. vom Ziel wieder nach Hause. Die Ausrüstungs-Basics sind Schuhe, Jacke und Hose sowie ein Rucksack. Für alle gibt es ein schier unendliches Angebot: ultralight, robust, hip, bodenständig, teuer, verdächtig günstig. Hier kommen Kriterien für den Mikroabenteuer-Einsatz:

// Schuhe: Wenn du nicht in extrem unwegsamem Gelände oder in den Bergen unterwegs bist, kannst du im Prinzip in ganz normalen Turnschuhen los – theoretisch sogar barfuß oder in sogenannten Barfußschuhen. Da unter den Fußsohlen sehr viele sensorische Rezeptoren sitzen, stimuliert Letzteres sogar das Nervensystem, verbessert die Koordination und kräftigt die Fuß- und Stützmuskulatur. Du solltest es barfuß oder in Barfußschuhen allerdings bewusst langsam angehen lassen und nicht auf Rekorde schielen. Außerdem solltest du nur mit einem leichten Rucksack (maximal 6 Kilogramm) barfuß wandern und den Untergrund im Auge haben.

Die besten Allroundschuhe sind sicher leichte Trekking- und Wanderschuhe mit einem etwas höheren Schaft. Sie geben dir Stabilität und bremsen dich nicht in deiner Euphorie. Das Obermaterial sollte aus imprägniertem Leder bestehen oder eine wasserdichte und atmungsaktive Membran enthalten, damit du nach einem Regenschauer oder einem Marsch durch feuchtes Gras nicht gleich nasse Füße hast. Das Profil sollte griffig sein, die Passform auf deine Füße abgestimmt (traditionelle Hersteller wie *Hanwag* oder *Lowa* bieten verschiedene Weiten an). Je sportlicher du dein Mikroabenteuer ausrichtest, desto sportlicher sollten auch deine Schuhe sein. Trailrunning-Schuhe sind dann die beste Option.

Hanwag Banks II GTX: bequemer und verlässlicher, wasserdichter Allrounder. 189 Euro. *Adidas Terrex Swift R2 Mid GTX*: sehr sportlicher und leichter halbhoher Wanderschuh mit extrem gutem Grip und Gore-Tex-Membran. 159 Euro. *Merrell MQM Flex Mid Gore-Tex*: noch etwas sportlicher und flexibler, aber dafür auch etwas weniger stabil. 155 Euro. *Salomon Speedcross Vario 2 GTX*: Die *Speedcross*-Modelle von *Salomon* sind schon jetzt Klassiker in der Trailrunning-Szene. Hervorragender Actionschuh. (Genannt sind hier durchweg die Gore-Tex-Modelle, die meisten gibt es aber auch ohne Membran.)

// **Jacken und Hosen:** Allround-Bekleidung, mit der du dich auch mal querfeldein durch die Büsche schlagen kannst, sollte vor allem robust sein. Empfindliches Material wie das von leichten Daunenjacken kann aber auch seinen Einsatzbereich haben: zum Beispiel wenn es abends kalt wird und du dein Lager bereits aufgeschlagen hast. Ich selbst fahre mit dem Zwiebelsystem, also verschiedenen Bekleidungslagen am besten. So bin ich immer flexibel – auch wenn ich möglicherweise öfter kurz anhalten muss, um eine Schicht an- oder auszuziehen. Wenn du zu Fuß unterwegs bist, wirst du auch bald feststellen, dass eine Jacke mit einem guten Belüftungs-

Alastair Humphreys, der den Begriff »Microadventures« entscheidend geprägt hat, weiß um den Wert einer guten Regenjacke – er lebt schließlich in England.

Haglöfs L.I.M. Comp Jacket: eine der ersten speziell für Abenteuer vor der Haustür konzipierte Jacke; ein Highend-Wetterschutz, ultraleicht und sehr klein verstaubar, mit speziellen Reflektoren für den Stadtverkehr. 300 Euro. *The North Face Stratos Jacket:* einfache atmungsaktive Regenjacke mit Reißverschlüssen unter den Armen. 160 Euro. *Schöffel WS Hoody Keylong:* funktionelle, winddichte Softshelljacke aus sehr dehnfähigem Material, die für den sportlichen Einsatz gemacht ist; hält auch mal einen Regenschauer aus. 219 Euro. *Trekmates Essential Poncho:* leichter, aber hochwertiger Poncho als Alternative zur teuren Hardshell-Jacke. 20 Euro. *Fjällräven Barents Pro Jeans:* strapazierfähige und schnörkellose Outdoorhose, mit der du dich durchaus auch im Alltag auf die Straße wagen kannst. 149 Euro. *Icebreaker City Light Longsleeve Henley:* Ich muss zugeben, dass ich beim Thema Merino etwas voreingenommen bin – Jeremy Moon, Gründer der neuseeländischen Marke *Icebreaker* und damit Merino-Pionier der ersten Stunde, hat mich mal eine Woche in seinem Haus in Auckland wohnen und den Weinkeller leer trinken lassen. Aber *Icebreaker* macht nun mal nach wie vor großartige und vor allem nachhaltige Merino-Produkte. Das *Longsleeve Henley* ist herrlich zeitlos und für jedes Klima geeignet. 89 Euro.

system sinnvoll ist. Wenn du nämlich stramm marschierst, wird dir schnell warm (vor allem bergauf), sobald du anhältst oder zum Beispiel im Schatten bergab gehst, frierst du möglicherweise gleich wieder, wenn du gerade deine Jacke ausgezogen hast. Also: Große Reißverschlüsse unter den Armen! Das hilft mehr als jede noch so atmungsaktive Membran. Grundsätzlich ist eine leichte Jacke mit atmungsaktiver, wasser- und winddichter Membran (es gibt mehr als Gore-Tex!) sehr empfehlenswert. Sie sollte nur – wie gesagt – lieber robuster als zu fein sein. Du musst aber auch nicht gleich einen Kredit für ein Profi-Modell aufnehmen. Im Zweifel ist ein dünner Regenponcho für ein paar Euro, den du im Notfall drüberziehen kannst, auch wunderbar. Darunter kannst du eine Softshelljacke und ein dünnes Shirt tragen, das sich nicht vollsaugt. Ich liebe Shirts aus Merinowolle, weil sie das Klima unglaublich gut regulieren und kaum Geruch aufnehmen – allerdings haben sie auch ihren Preis.

Die Hose, mit der du losgehst, muss nicht wasserdicht sein. Darin würdest du nur unnötig schwitzen. Packe lieber eine dünne Regenhose zum Drüberziehen ein, für den Fall, dass du tatsächlich in einen heftigen Regen kommst. Wenn du einen Poncho trägst, der bis zu den Knien reicht, brauchst du möglicherweise nicht mal eine Regenhose.

Deine normale Hose sollte vor allem bequem und robust sein und schnell trocknen, falls sie doch mal nass wird. Du willst ja schließlich nur eine mitnehmen. Ich mag außerdem Hosen mit Taschen an der Seite oder vorne auf dem Oberschenkel, um Utensilien zu verstauen, die ich oft und schnell zur Hand haben möchte.

// Rucksack: Wenn du draußen übernachten willst, brauchst du deutlich mehr Ausrüstung als für ein Tages-Mikroabenteuer – und einen Rucksack, der 30 bis 40 Liter fasst. Achten solltest du beim Kauf besonders darauf, dass das Tragesystem hochwertig und ergonomisch ist und das Modell genügend Außentaschen besitzt. Ständig im großen Fach zu wühlen, wenn du nur ein Taschentuch, deine Trinkflasche oder die Kamera brauchst, nervt extrem.

Ich finde es außerdem sehr angenehm, wenn ein Rucksack zusätzlich Schlaufen, Gummis oder Zurrgurte hat, um Dinge außen an ihm zu befestigen. Bist du ohne viel Ausrüstung unterwegs, reicht natürlich ein deutlich kleinerer Rucksack (wenn du überhaupt einen brauchst). Sehr reduziert und je nach Modell trotzdem recht angenehm zu tragen sind Trailrunning-Rucksäcke. Für das Packen gilt: Weiches an den Rücken, das, was am wenigsten (oder erst am Abend) gebraucht wird, nach unten. Um den Rucksackinhalt zu sortieren, empfehlen sich Packsäcke, am besten gleich wasserdicht, dann brauchst du gar nicht unbedingt eine Regenhülle für den Rucksack. Du kannst aber auch einfach eine Mülltüte als »Inlett« im Rucksack verwenden.

Deuter ACT Trail 36 EL: Toller Allrounder mit vielen Verstaumöglichkeiten zu einem moderaten Preis; fasst 36 Liter, kostet 129 Euro. *Osprey Kestrel 38*: wie alle Rucksäcke von *Osprey* von oben bis unten super durchdacht; außerdem ein einzigartig gutes Tragesystem; fasst 38 Liter (gibt es aber auch in einer kleineren Variante), kostet 170 Euro. *Black Diamond Nitro 26:* Sehr funktioneller Tagesrucksack, der für die Berge konzipiert, also vor allem schlank ist; Fasst 26 Liter (auch ihn gibt es in einer kleineren Variante), kostet 120 Euro. *Grivel Mountain Runner Comp 5:* hervorragender und günstiger Trailrunning-Rucksack mit 5 Liter Fassungsvermögen. 67 Euro. Weitere gute Mini-Rucksäcke (die zum Teil eher wie Westen anmuten) gibt es zum Beispiel von *Montane*, *Salomon* und *Mammut*. In der Bushcraft- und Survival-Szene haben die Militärrucksäcke des Herstellers *Tasmanian Tiger* viele Fans.

Weitere Inspirationen für Wander-Mikroabenteuer findest du auch auf diesen Online-Portalen:

www.wanderbares-deutschland.de
www.wanderkompass.de
www.pilger-weg.de

MIKROABENTEUER MIT DEM FAHRRAD

Packtaschen sind sehr praktisch. Bevor du aber zu Hause bleibst, weil du keine hast, nimm einfach deinen Rucksack und starte damit ins Fahrrad-Mikroabenteuer.

Das Fahrrad ist das Fortbewegungsmittel, mit dem dein Mikroabenteuer-Radius am größten wird – natürlich abhängig davon, wie weit und wie schnell du fahren willst oder kannst. Vor allem haben wir alle meist irgendein Rad herumstehen. Okay, möglicherweise ist es nicht das Teil, mit dem du unbedingt auf die große Reise gehen willst, aber es soll ja auch nur eine mikrokleine werden.

Wenn du mit der richtigen Mischung aus Anpacken und Laisser-faire an einen Trip herangehst, ist auch eine alte Gurke in der Lage, dir unvergessliche Erlebnisse zu bescheren. Ich bin eine ganze Zeit lang selbst Dreitagestouren mit einem klapprigen Damenrad aus den 40er-Jahren gefahren. Das geht. Ich müsste aber lügen, wenn ich behaupten würde, Rosi (so nannte ich das gute Stück) wäre mir heute lieber als mein Cross-Rennrad. Die beiden lassen sich aber auch schwer vergleichen. Rosi war halt … anders.

In Ausrüstung für das Radfahren kannst du unglaublich viel Geld stecken. Am meisten natürlich in das Rad selbst. Aber dann geht es ja mit den Taschen weiter. Die klassischen Seitentaschen für den Gepäckträger gibt es zwar immer noch, aber mittlerweile hat sich mit dem »Bikepacking« eine ganz eigene Sportart innerhalb des Radfahrens herausgebildet (auf der Website des führenden Herstellers *Ortlieb* kannst du dir einen guten Überblick verschaffen). Du hast damit großartige Möglichkeiten, dein Gepäck so zu verstauen, dass es den Fahrspaß nur minimal beeinträchtigt, und brauchst dafür nicht einmal mehr Gepäckträger. Aber wie immer, wenn es mit der Ausrüstung komplex wird, darfst du dich getrost fragen: Brauche ich das für ein Mikroabenteuer wirklich? Klar: Besser geht's immer. Aber mit weniger meist auch.

Wenn du mit dem Fahrrad zu einem Mikroabenteuer aufbrichst, aber einen Teil der Strecke mit der Bahn zurücklegen willst, mach dir zunächst Gedanken darüber, ob du dein Rad in der Bahn transportieren darfst. In ICEs ist das zum Beispiel nicht möglich – in allen anderen deutschen Zügen schon (wobei es immer darauf ankommt, ob noch genügend Platz im Zug ist). Falträder kannst du aber sehr wohl auch im ICE mitnehmen. Mit ihrer erstaunlichen Performance sind sie sogar hervorragende Mikroabenteuer-Tools.

Bist du alleine mit dem Rad auf Tour, kannst du darüber nachdenken, dich über Kopfhörer von einer App navigieren zu lassen. Das macht es einfacher, sich auf das Fahren zu konzentrieren, und du musst nicht zwischendurch anhalten, um auf die Karte zu sehen. Gleichzeitig nimmt eine Stimme im Ohr aber auch etwas von deiner Aufmerksamkeit für die Umgebung und reduziert den Abenteuerfaktor.

Aber jetzt noch mal zurück zum Rad an sich. Wenn du mit dem Gedanken spielst, dir eins für deine Mikroabenteuer zuzulegen, kommen folgende Arten am ehesten infrage:

// Touring- und Reiserad: robust, zuverlässig, vielseitig, komfortabel und auf Langzeitbelastung ausgelegt. Viele Möglichkeiten, Taschen zu befestigen. Meist relativ schwer. Ein Reiserad mit Rennradlenker wird auch als Randonneur bezeichnet. Absolute Empfehlung in dieser Kategorie sind die Modelle des Herstellers *Norwid* aus Schleswig-Holstein.

// Mountainbike: die beste Wahl für die Berge, wenn du den Asphalt verlässt und es wilder wird. Mountainbikes geben aber auch ein gutes Gefühl auf Matschpisten im Flachland. Allerdings haben sie normalerweise keinen Gepäckträger, um Taschen zu befestigen. Du solltest dich je nach Gepäck-volumen also tatsächlich mit Bikepacking-Lösungen für Sattel, Rahmen und Lenker beschäftigen sowie mit dem Gedanken, vielleicht zusätzlich einen kleinen Rucksack zu tragen. Innerhalb der Mountainbike-Sparte hat sich in den letzten Jahren die Unterkategorie »Cross Country« entwickelt. Hier findest du die Mountainbikes, die sich für den größten Einsatzbereich eignen, was Mikroabenteuer betrifft. Die großen Hersteller *Specialized* und *Scott* haben zum Beispiel viele Cross-Country-Modelle – einige zum Preis eines Kleinwagens, andere aber auch deutlich günstiger.

// Cross-Rennrad: auch als Cyclocrosser bekannt und seit Jahren mein persönlicher Favorit. Mit einem solchen Modell hast du ein Rennrad unter dem Hintern, das bei wilden Fahrten über Stock und Stein erst so richtig zu Höchstform aufläuft. Stabil, wendig und schnell, allerdings nicht ganz so bequem wie ein Tourenrad oder Mountainbike. Alle großen Hersteller haben mittlerweile Cross-Rennräder im Angebot, ein Geheimtipp sind aber die Modelle der *Bombtrack Bicycle Company* aus Köln, vor allem das *Hook*.

// Faltrad: Sie leiden immer noch unter ihrem miesen 70er-Jahre-Image. »Faltrad« statt »Klapprad« ist also tatsächlich auch ein bisschen begriffliche Emanzipation von den alten, für ihre Größe sauschweren Stahlmodellen mit der Flügelschraube in der Mitte. Moderne Falträder sind hohe Ingenieurskunst. Der süddeutsche Hersteller *Bernds* baut zum Beispiel Falträder mit Fahreigenschaften, die viele »normale« Modelle in den Schatten stellen. Moderne Klassiker sind die Falträder von *Brompton* aus London.

Solltest du Liegerad-Fan sein, nimm es mir bitte nicht krumm, dass deine Lieblinge hier nicht aufgeführt sind. Ich halte sie für ungeeignet, wenn es im Gelände holprig wird. Wie gesagt: Grundsätzlich sind alle Arten von Fahrrädern denkbar für den Mikroabenteuer-Einsatz. Wenn es um den Kauf eines neuen geht, würde ich die Auswahl aber immer einschränken. Übrigens: Auch E-Bikes sind legitim für ein Mikroabenteuer. Ich persönlich kann mir nicht vorstellen, eines zu benutzen, aber das bedeutet für dich gar nichts.

Das Fahrrad ist für mich nach wie vor eine der großartigsten Erfindungen überhaupt – und viel mehr als nur ein Schönwetter-Tool.

MIKROABENTEUER AUF DEM WASSER

Auf der Elbe bei Boizenburg. Fließgewässer sind auch deshalb so schön, weil du geschoben wirst – vorausgesetzt, du paddelst flussabwärts und hast den Wind nicht gegen dich.

Durch fast jede größere deutsche Stadt fließt ein Fluss, oder aber die Stadt liegt an einem See oder am Meer. Sprich: Abenteuer auf und im Wasser haben wir zwar vor unserer Nase, aber vielleicht nicht immer auf unserer Liste. Es gibt viele Möglichkeiten, sich im und auf dem Wasser fortzubewegen. »Im Wasser« bedeutet dabei vor allem schwimmen (auch wenn durchaus auch ein Tauchabenteuer im nächsten See denkbar ist), »auf dem Wasser« wirst du vermutlich mit einem Kajak, einem Kanu, einem Stand-up-Paddle-Board oder einem Floß unterwegs sein.

Motorisierte Boote und auch Segelboote bleiben bei den Tipps auf den folgenden Seiten außen vor. Erstere, weil ich sie – wenn ich sie selbst fahre – wie ein Auto betrachte (und das widerspricht meinen persönlichen Mikroabenteuer-Regeln, die ich auf Seite 23 beschrieben habe), Segelboote, weil ein eigenständiger Segeltrip für die meisten Menschen doch einen größeren Aufwand bedeutet, als er im Rahmen eines Mikroabenteuers vertretbar ist (was nicht bedeutet, dass er nicht machbar ist).

Mikroabenteuer im und auf dem Wasser erfordern besondere Aufmerksamkeit und Sicherheitsmaßnahmen. Zuallererst solltest du dich über das Gewässer informieren, in bzw. auf dem du unterwegs sein willst. Gibt es Strömungen, Zu- oder Abflüsse, die auf den ersten Blick nicht erkennbar sind? Wie wirken sich möglicherweise die Gezeiten aus? Welche Fahrzeuge sind hier noch unterwegs? Wird das Wasser irgendwo aufgestaut? Gibt es einen Mindest- oder Höchstpegel für das Befahren? Antworten auf diese Fragen bekommst du, wenn du dich mit Anwohnern austauschst oder mit Personen, die Erfahrung mit »deinem« Gewässer haben. Außerdem sind Gewässerkarten bzw. Wasserwanderkarten sehr hilfreich (zum Beispiel von den Verlagen *Delius Klasing* und *Jübermann* – auf *www.seekartenverkauf.de* kannst du dir einen ersten Überblick verschaffen, einige Karten gibt es auch als App-Versionen für das Smartphone). Wertvolle Informationen zu einzelnen Flüssen und Gewässern bekommst du zum Beispiel auch über die Online-Portale *www.flussinfo.de* und *www.faltboot.org*. Vor allem gibt es hier Details zu guten Einsetzstellen und Zeltmöglichkeiten.

In puncto Sicherheit ist es für jedes Wasser-Mikroabenteuer empfehlenswert, ein sogenanntes *Restube* dabeizuhaben. Ein *Restube* ist eine Art Ballon, den du klein verpackt mit einem Gurt um den Körper trägst und der sich öffnet und dir als Not-Boje dient, wenn du ihn in einer Gefahrensituation durch das Ziehen an einer Leine auslöst. Die Teile sind wirklich sehr klein und unscheinbar, können dir aber eine Riesenhilfe sein: *www.restube.com*

Wenn du in einem Gewässer schwimmst, auf dem viel Bootsverkehr ist, solltest du außerdem unbedingt eine Badekappe in leuchtender Farbe tragen, eventuell sogar über eine leichte Boje nachdenken, die du hinter dir herziehst (findest du zum Beispiel unter *www.saferswimmer.eu*).

Auf dem Wasser solltest du die Regeln der See-, Küsten- bzw. Binnenschifffahrt zumindest grob kennen. Die wichtigste: Augen auf und dem Größeren Vorrang gewähren – im Zweifel lieber den demütigen Weg wählen, als dich selbst zu überschätzen (einen guten Überblick gibt die Broschüre *Sicherheit auf dem Wasser* des *Bundesministeriums für Verkehr und digitale Infrastruktur*, die auch online verfügbar ist).

Grundsätzlich kannst du überall fahren, wo es nicht explizit verboten ist. Es liegt aber auch im Ermessen der Wasserschutzpolizei, dich vom Wasser zu holen, wenn sie den Eindruck hat, dass du (oder deine Ausrüstung) den Bedingungen nicht gewachsen bist. Vor allem auf den großen Wasserstraßen wie Elbe, Rhein oder Main kann es durchaus vorkommen, dass du mal ein paar Fragen beantworten musst. Wenn du den Eindruck vermittelst, alles im Griff zu haben, hast du gute Chancen, die Beamten zu überzeugen. Wenn nicht, dann ist es möglicherweise sogar besser, auf kleineren Gewässern weitere Erfahrung zu sammeln. Auf Binnenschifffahrtsstraßen gilt eine Kennzeichnungspflicht für Boote, was bedeutet, dass der Name des Bootes innen und außen sichtbar angebracht sein muss, außerdem Name und Anschrift des Besitzers. Sonderlich eng wird diese Pflicht in der Praxis meist nicht gesehen. Wenn dich jemand darauf hinweist, ist es aber ganz gut, davon schon einmal gehört zu haben. Surfboards und damit auch Stand-up-Paddle-Boards sind von dieser Kennzeichnungspflicht ausgenommen.

// Freiwasserschwimmen: In natürlichen Gewässern von A nach B zu schwimmen ruft ein unglaublich erhebendes, uriges Gefühl von Freiheit hervor. Du tauchst im wahrsten Sinne des Wortes ein in die Elemente: um dich herum das Wasser, über dir Wind und Wetter. Im Regen zu schwimmen ist dabei fast noch besser als bei Sonnenschein. Wenn es gewittert, musst du allerdings sofort raus aus dem Wasser. Und dass du je nach Wassertemperatur und Schwimmdauer einen Neoprenanzug tragen solltest, sollte dir auch klar sein. Das Freiwasserschwimmen wird in den meisten Fällen ein Teil eines Mikroabenteuers sein, bei dem du zu Fuß unterwegs bist. Ist dies der Fall, wirst du dein Gepäck mit über das Wasser transportieren müssen. Je nachdem, wie groß und wie schwer es ist, kannst du dir ein kleines Transportfloß bauen (wie wir es in der Eifel getan haben, siehe Seite 30) oder einen zusätzlich mit Luft gefüllten, leichten Packsack verwenden, der wie eine Boje oben schwimmt (siehe auch dazu die Produkte von *360swim* auf *www.saferswimmer.eu*)

Im Open-Water-Schwimmen steckt riesiges Abenteuer-Potenzial. Wenn du Lust auf einen Wettkampf hast, checke mal die Swimrun-Veranstaltungen von *Ötillö. www.otilloswimrun.com*

// Kanu: Kanus sind wenig geeignet für ein Mikroabenteuer, weil sie sperrig und ohne Auto kaum zu transportieren sind. Vernünftige Faltversionen gibt es nicht wirklich, die aufblasbaren Gummivarianten sind ziemlich schwer (das Modell *Tramper* des Herstellers *Grabner* für ein bis zwei Personen ist mit 15 Kilogramm zum Beispiel noch im grünen Bereich, kostet aber auch gut 1.500 Euro). Ein Mikroabenteuer in einem Kanu bietet sich vor allem dann an, wenn du direkt an einem Verleih startest und die Boote vom Zielort abholen lassen kannst. Meine Mikroabenteuer-Regel, kein Auto zu benutzen, umgeht das zwar nur vermeintlich, aber deine Regeln machst du ja ohnehin selbst (wenn du dir überhaupt welche auferlegen willst).

// **Packrafts:** eine tolle Alternative zum Kanu, Canadier oder Kajak. Packrafts sind kleine, superleichte Hybriden zwischen den oben genannten Bootsarten. Sie werden auch Rucksackboote genannt, lassen sich auf ein minimales Packmaß bringen und eignen sich hervorragend für Mikroabenteuer, bei denen du zu Fuß unterwegs bist, dir aber auch Wasserpassagen vornimmst – sei es eine Flussüberquerung oder eine längere Strecke auf einem Fluss oder See. Sogar im Wildwasser machen sie sich bei entsprechendem Fahrkönnen gut.

Packrafts sind eine relativ neue Kategorie in der Wassersport- und Outdoorszene und werden in den nächsten Jahren immer beliebter werden. Der deutsche Faltboot-Spezialist *Nortik* hat mittlerweile Modelle für verschiedene Einsatzbereiche im Programm: zum Beispiel das *LightRaft*, das gerade mal 2.100 Gramm wiegt (529 Euro) oder die kaum schwereren *TrekRaft* (599 Euro) und *CityRaft* (699 Euro). Mehr Infos und Händler findest du auf der Website *www.faltboot.de*. Die zweite große Packraft-Marke ist *Anfibio*, deren Modelle unter *www.packrafting-store.de* gelistet sind.

Packrafts eignen sich perfekt für Mikroabenteuer mit Wasserpassagen – mit Modellen wie dem *Nortik TrekRaft* kannst du (je nach Körpergewicht) sogar zusätzlich ein Fahrrad transportieren.

// Kajak: der Klassiker unter den zusammenlegbaren Wassersportgeräten. Ich habe schon als Dreijähriger mit meinen Eltern Touren in einem Faltkajak von *Klepper* gemacht. Durch die Newcomer Packraft und Stand-up-Paddle-Board haben die Faltkajaks zwar ihre Alleinstellung in Sachen Mikroabenteuer-Eignung eingebüßt, sie sind aber immer noch eine tolle Option (für alle, die das Benutzen des Autos für ihre Mikroabenteuer nicht ausschließen, sowieso). Die Hersteller *Nortik*, *Triton*, *Klepper* und *Pouch* produzieren hervorragende Faltkajaks. Um das Boot schnell einsatzbereit zu kriegen und es über eine längere Strecke transportieren zu können, musst du aber genau auf Gewicht und Komplexität des Aufbaus achten. Das *Nortik Scubi 1* mit 10,5 Kilogramm für 649 Euro bietet zum Beispiel ein tolles Verhältnis von Gewicht und Packmaß zu Leistung und Preis. Das *Gumotex Swing* ist eine interessante aufblasbare Alternative – wiegt 11 Kilogramm und kostet 589 Euro. Auch diese Boote sind nicht hochseetauglich. Für die meisten Mikroabenteuer eignen sie sich aber wunderbar. Nicht vergessen, dass auch noch ein bisschen Zubehör (Paddel, Spritzdecke, möglicherweise eine Pumpe) dazukommt – und entsprechend ins Gewicht fällt.

// SUP: Diese Abkürzung steht für Stand-up-Paddle, also das Fortbewegen auf speziellen Surfboards, die du im Stehen durch Einstechen und Ziehen eines langen Paddels antreibst. SUPs erleben gerade einen regelrechten Hype und werden sich in den kommenden Jahren noch weiter verbreiten. Auf einem SUP wird im Vergleich zum Kanu, Kajak oder Packraft der Unterkörper viel mehr gefordert, weil er ständig helfen muss, die Balance zu halten. Aus sportlicher und gesundheitlicher Sicht ist das SUP also ein hervorragendes Ganzkörper-Trainingsgerät. SUPs haben aber auch einen ganz pragmatischen Vorteil: Du hast eine höhere Position auf dem Wasser (was auf einem Fluss in Norddeutschland einen großen Unterschied machen kann: Nichts-von-der-Umgebung-sehen vs. Immerhin-etwas-über-den-Deich-gucken). Außerdem gibt es eine Riesenauswahl an richtig guten aufblasbaren SUPs, auch »Inflatables« oder »iSUPs« genannt. Diese Modelle lassen sich bequem in einem dafür mitgelieferten Rucksack oder einem Rollkoffer transportieren und an der Einsatzstelle aufpumpen. Für ein Mikroabenteuer eignen sich Allround-SUPs oder – noch besser – Touring-SUPs. Die Touring-Modelle sind meist etwas länger (»Länge läuft«), haben eine dynamischere Form sowie am Bug, manchmal auch am Heck, Gummizüge, mit deren Hilfe du Gepäck festzurren kannst. Welches Modell sich genau für dich eignet, hängt von deiner Größe und deinem Gewicht ab, außerdem davon, wie viel Gepäck du zuladen möchtest.

Hervorragende Modelle für längere Touren und einen großen Einsatzbereich sind zum Beispiel das *Inflatable 12.6 Touring* von *Indiana SUP* und das *Voyager 12.6* von *Red Paddle*. Bevor du dir ein eigenes Board kaufst, solltest du aber verschiedene Modelle testen, um ein Gefühl für Größe, Form und deine persönlichen Ansprüche zu bekommen.

Dein Gepäck solltest du immer in wasserdichten Packsäcken verstauen und deine Kleidung so wählen, dass du auch mal ins Wasser fallen kannst. Übrigens: Für Flüsse gibt es spezielle, flexible Finnen, die etwas nachgeben, wenn du mit ihnen auf ein Hindernis triffst. Bevor du zum ersten Mal zu einem Mikroabenteuer mit dem SUP startest, lass dir die Paddeltechnik von jemandem zeigen, der Erfahrung damit hat – zum Beispiel in einem Einsteiger-Kurs.

Adressen von Verleihstationen und Shops (bei denen du manchmal auch aufblasbare Boards leihen kannst) in den fünf größten deutschen Städten sind in den entsprechenden Kapiteln dieses Buches genannt. Und bitte nicht vergessen, das Board zur Sicherheit über eine Kunstoffleine, die sogenannte »Leash«, an deinen Fuß zu »ketten«, damit du es im Falle eines Sturzes nicht verlierst (Ausnahme: Gewässer mit hoher Fließgeschwindigkeit, weil du dich darin mit der Leine an Hindernissen verheddern kannst).

Auf den nächsten Seiten findest du einen Bericht von unserem SUP-Mikroabenteuer auf der Alster in Hamburg.

VOM DSCHUNGEL ZUM JUNGFERNSTIEG

Gibt es hier Krokodile? Und wie kommen wir jemals wieder aus dieser grünen Hölle raus? Wenn ich nicht wüsste, dass wir vor gerade mal einer Stunde am U-Bahnhof Ohlstedt mit unseren Boards die Treppen hinunter- und dann die zwei Kilometer zum Alsterlauf marschiert wären, dann könnte das hier auch irgendein versteckter Flusslauf im Amazonasbecken sein. Flaches Wasser, quer liegende Baumstämme und tote Äste, die sich wie Hilfe suchende Arme aus einem Sumpf nach oben recken. Um uns herum sattes, dichtes Grün. Wir müssen immer wieder auf den Knien oder im Liegen paddeln, um uns einen Weg durch das Dickicht diesseits der Wasseroberfläche zu bahnen, während unter ihr Hindernisse aus Holz und Stein darauf lauern, unsere Boards zum Stocken zu bringen und uns herunterzustoßen.

Es ist wirklich schwer zu glauben, aber ja, das hier ist die Alster. Selbst viele Hamburger kennen diesen Fluss nur als größten See der Stadt. Aber er hat so viel mehr zu bieten als die Binnenalster am Jungfernstieg und die Außenalster, an deren Ufern einige der teuersten Wohngegenden Deutschlands liegen. Die Alster entspringt bei Henstedt-Ulzburg im Norden der Stadt und ist von der Quelle bis zum Jungfernstieg gut 50 Kilometer lang. Wir haben uns vorgenommen, sie an diesem Sommertag einmal komplett zu befahren, oder besser: so viel von ihr zu befahren, wie es irgendwie geht. Denn die ersten Kilometer hast du mit dem Stand-up-Paddle-Board nicht den Hauch einer Chance. Aber von der alten Betonrampe im Schleusenredder, nicht weit vom U-Bahnhof Ohlstedt, geht es. Am Anfang zwar eher schlecht als recht, aber dies ist schließlich ein Abenteuer.

Es hat nicht lange gedauert, die Boards aufzubauen, die wir uns am Vorabend geliehen und in Rolltaschen per U-Bahn und zu Fuß an diesen Spot transportiert haben. Und jetzt haben wir einen ganzen Tag Zeit. Vor uns liegen aber auch 28 Kilometer. Und so langsam, wie es hier vorangeht, haben wir keine Ahnung, ob ein Tag reicht. Wir sind zu dritt: Mareike, Bene und ich. Mühsam schlängeln wir uns mit dem Fluss von einer Biegung zur nächsten. Wir sind so beschäftigt damit, unsere langen Boards durch die engen Kurven und an den natürlichen Hindernissen vorbeizulenken, dass wir kaum Muße haben, die Umgebung angemessen intensiv auf uns wirken zu lassen.

Das ändert sich dann wenige Kilometer flussabwärts. Endlich wird die Alster breiter und das Wasser tiefer. Aber immer noch umgibt uns sattes Grün. Große Weiden tauchen ihre Zweige ins Wasser, hinter der Uferböschung erkennen wir den Alsterwanderweg und parkähnliche Grundstücke. Dann tauchen auch vereinzelt Kanus mit Sonntagsausflüglern auf – und nach der Mellingburger die Fuhlsbüttler Schleuse, an der wir in einem Café mit Tretbootverleih Pause machen, ehe wir die Boards um die Schleuse tragen. Das ist das Faszinierendste an diesem Mikroabenteuer: die Alster auf ihrem Weg aus dem Dschungel ins Zentrum Hamburgs in Echtzeit zu begleiten, wahrzunehmen, wie ganz langsam alles breiter, größer und lebendiger wird.

Hinter der Fuhlsbüttler Schleuse wird die Alster irgendwann Teil des Kanalsystems der Hansestadt. Das nationale Rennen der Ruder-Achter, in das wir fast hineingeraten, können wir deshalb bequem umfahren. Als sich der Fluss am Eichenpark endlich vollständig öffnet und die Außenalster vor uns liegt, ist das ein großartiges Gefühl von »Wir haben es geschafft«. Dabei sind wir noch längst nicht da, wir wollen schließlich bis zum Jungfernstieg. Und auf der riesigen offenen Fläche ist der kräftige Wind, den wir bislang kaum wahrgenommen haben, plötzlich das größte Hindernis.

Wir sind zwar ziemlich platt, und es ist verlockend, einfach hier vom Wasser zu gehen – wir sind ja schon mittendrin in der Stadt –, aber diese Tour zu Ende zu bringen ist Ehrensache, und so mobilisieren wir das, was an Kräften noch da ist. Das einzigartige Hamburg-Panorama hängt vor uns wie die Möhre vor der Schnauze eines Esels: Fernsehturm, Rathaus, Michel, Petri-Kirche. Ich bin kurz ziemlich verdattert, dass auch die vor wenigen Monaten erst eröffnete Elbphilharmonie sich in diese Reihe einfügt, als wäre sie immer schon da gewesen. Aus dieser Perspektive habe ich lange nicht auf die Innenstadt geguckt.

Jeder von uns ist auf der welligen Außenalster mit sich selbst beschäftigt und damit, sein Board bestmöglich durch den Wind zu navigieren. Erst als wir aus ihm herausfahren und unter der Kennedybrücke hindurch auf die Binnenalster gleiten, sammeln wir uns wieder. Was für ein Tag. Wir brauchen gar nicht viele Worte, weil das Erlebte auch unausgesprochen stark genug ist. Außerdem waren wir ja alle dabei. Die gemeinsame Fahrt durch die riesige Wasserfontäne in der Mitte der Binnenalster ist ein würdiger Schlussakt. Ich habe diese Fontäne tausendmal vom Ufer aus betrachtet – und aus dem Zug, der auf seinem Weg von Hamburg-Altona hinaus aus der Stadt in unmittelbarer Nähe vorbeifährt. Aber geduscht habe ich noch nie unter ihr.

Direkt unterhalb des Rathauses legen wir an. Die Kinder einer japanischen Touristenfamilie füttern an den Treppenstufen, die zum Wasser führen, die Tauben. Gäbe es hier Krokodile, wären die aufdringlichen Vögel ein gefundenes Fressen. Aber wir sind ja in Hamburg.

So einfach, so gut: Mit dem SUP am Jungfernstieg einlaufen.

Viel mehr, als nur ein bisschen umherzupaddeln.
Schon die Logistik einer SUP-Tagestour ohne Auto
hat etwas Abenteuerliches: Wie kriegen wir die Boards zur
Einsatzstelle? Wo kommen wir überhaupt gut aufs Wasser?
Und passt alles in die wasserdichten Packsäcke? Die Alster
abzufahren klingt unspektakulär. Dabei eröffnet der Flusslauf
eine völlig neue Perspektive auf die Stadt – wie die Fotos
auf dieser und den nächsten Seiten zeigen.

APPS FÜR MIKROABENTEURER

// Routenplanung und Navigation: Wenn du eine Strecke vorab planen willst (was du ja gar nicht zwingend musst), dann ist gutes Kartenmaterial sehr hilfreich. Neben analogen Karten gibt es mittlerweile unglaublich gute Apps, mit denen du nicht nur vorhandene Ideen in konkrete Navigationsrouten umwandeln kannst, sondern die dich oft auch zu ganz neuen Abenteuern inspirieren. Und dann zeichnen sie den tatsächlichen Streckenverlauf auch noch zum Archivieren und Angeben auf, per GPS – das übrigens auch dafür sorgt, dass du nicht den Überblick verlierst, falls du mal kein mobiles Netz haben solltest. Bei den folgenden Apps kannst du außerdem nach Touren suchen, die andere gemacht haben, dir Bilder von vielen Wegpunkten ansehen und dir Empfehlungen für das Wandern und Radfahren geben lassen, sogar ganz gezielt für das schnelle und langsame Wandern, Bergsteigen, fürs Freizeitradeln, Mountainbiken oder Rennradfahren: *outdooractive* und *komoot* (die beiden bekanntesten und größten Apps) sowie *bergfex* (mit großen Stärken in den Bergregionen). Die App *Maps 3D* bietet nicht ganz so umfangreiche Recherche- und Planungsmöglichkeiten, liefert aber hervorragendes dreidimensionales Kartenmaterial.

// Wetter: Solide Wetterdaten für die meisten Outdoor-Vorhaben bekommst du über die Platzhirsche unter den Wetter-Apps: *wetter.com* und *WetterOnline* (die übrigens beide auch eine separate Regenradar-App anbieten, auf der du zumindest die Niederschläge der nächsten zwei Stunden angezeigt bekommst). Etwas detailliertere Daten, unter anderem zu Bodenfrost, Dämmerung, Taubildung usw., findest du in der App *Agrarwetter*. Die App *Sonnen-Info* liefert alle erdenklichen Details rund um den Sonnenstand (und auch für den Mond), die App *bergfex/Wetter* hilfreiche Zusatzinformationen, wenn du in Bergregionen unterwegs bist. Der *Deutsche Alpenverein* hat zwar keine brauchbare Wetter-App für das

Smartphone, aber eine gute Website mit aktuellen Wetterinfos für die Berge: *www.alpenverein.de/dav-services/bergwetter*

// Berggipfel: Mit der App *PeakFinder AR* kannst du dir jederzeit von deinem Standort 360-Grad-Panoramen mit den Namen aller Gipfel anzeigen lassen – sogar offline.

// Sterne und Sternschnuppen: Apps wie *Sternatlas* und *Sky Guide* zeigen dir an, wo welche Sterne und Sternbilder über dir stehen – du musst nur dein Smartphone darauf richten. Die App *Star Walk 2* bietet neben diesen Funktionen außerdem einen genauen Terminkalender, wann du besonders gute Chancen hast, Sternschnuppen zu sehen.

// Flora und Fauna: Mit der kostenlosen App *NABU Vogelwelt* kannst du erfahren, wer um dich herum zwitschert. Bäume bestimmst du zum Beispiel mit der App *Alle Bäume – Deutschland*, die (wie sämtliche *Sunbird*-Naturführer-Apps) relativ teuer ist. Eine günstige und gute Alternative ist die App *Waldfibel*. Auch gut: die Apps von *Nature Mobile* (u.a. *Wilde Beeren und Kräuter*, *Pilzführer* und *Vogelführer*).

// Fotografie: Die Apps des Entwicklers *Crookneck* sind unglaubliche Infopools für Fotografen. Mit ihrer Hilfe kannst du unter anderem genau berechnen, wann das Licht wie und von wo auf einen bestimmten Spot fällt. Das kostet allerdings auch ein paar Euro. Besonders lohnenswert: die App *The Photographer's Ephemeris*.

// Notfall und Sicherheit: Der Service der kostenpflichtigen App *Mein Notruf* bietet dir an jedem Ort und jederzeit professionelle und zuverlässige Unterstützung.

// Abenteuer-Knoten: Mein absoluter Favorit für das Knotenbinden ist die kostenlose App *Knots 3D*. Sie zeigt dir zig praktische Knoten als 3D-Animationen an. Du kannst sogar selbst Geschwindigkeit und Blickwinkel einstellen.

5-TO-9: FEIERABENTEUER

Ein Tag hat 24 Stunden. Nehmen wir mal an, dass wir acht Stunden davon arbeiten (was einem normalen Arbeitstag einer 40-Stunden-Woche entspricht) und eine Stunde Mittagspause machen, dann bleiben uns satte 15 Stunden für Abenteuer. Klar, ein paar Stunden Schlaf wären ganz schön, aber die können wir ja wunderbar unter den Sternenhimmel verlegen und somit dem Abenteuer zuschlagen. Im Ernst: Wenn schon rechnen, warum dann nicht quer?

Vielleicht geht dir dabei durch den Kopf: »Das ist aber eine ziemlich vereinfachte Rechnung. Ich muss ja schließlich auch noch was frühstücken, mich frisch machen, und für meinen Arbeitsweg geht auch Zeit drauf.« An einem normalen Tag mag das stimmen. Aber wenn du deine Ausrüstung mit zur Arbeit nimmst und direkt nach Feierabend aufbrichst, vielleicht mit der Regionalbahn eine halbe oder ganze Stunde aus der Stadt rausfährst, die Nacht draußen verbringst, dich am nächsten Morgen kurz in einem Fluss wäschst, um mit Sack und Pack wieder an deiner Arbeitsstelle zu erscheinen, dann ist die Netto-Abenteuerzeit tatsächlich erstaunlich groß. Sogar der Arbeitsweg zählt dann dazu.

Und – um auch diesem Vorwand gleich einen Riegel vorzuschieben – selbst wenn du 10 oder 12 Stunden arbeitest, bleibt noch genug Zeit. Letztlich geht es einfach darum, die Zeit, die du sonst auf dem Sofa oder wo auch immer in deiner gewohnten Umgebung verbringst, an einen Ort in der Natur zu verlagern und dort die Nacht zu erleben.

Im englischsprachigen Raum wird der gewöhnliche 8-Stunden-Beruf in Anlehnung an Arbeitsbeginn und -ende auch »9-to-5-Job« genannt. Schon 1980 trug eine US-Filmkomödie mit Jane Fonda und Dolly Parton den Titel *9-to-5*. In Deutschland lief der Film unter *Warum eigentlich ... bringen wir den Chef nicht um?* Lass es so weit nicht kommen und tauche einfach zwischendurch ab – und zwar 5-to-9!

Kreuzfahrt? Die kleinen Abenteuer »zwischen den Tagen« sind für mich viel wertvoller, weil sie das Potenzial haben, den Alltag zu verändern, nicht nur aus ihm zu fliehen.

Tatsächlich gibt es im englischsprachigen Raum die Bezeichnung »5-to-9-Adventure« für Mikroabenteuer, deren Anfang und Ende am Arbeitsplatz liegen (unabhängig davon, ob du wirklich um Punkt 9 Uhr beginnst und um 17 Uhr alles fallen lässt). Feierabenteuer trifft es auch gut. Ein 5-to-9-Adventure ist der ultimative Ausredenkiller und kann dir einen extremen Energieschub geben – und zwar unabhängig davon, wie gut oder schlecht du da draußen schläfst.

Im Prinzip musst du auch gar nicht viel vorbereiten. Sicher hast du mittags schon etwas Warmes gegessen, für den Abend reicht also ein belegtes Brötchen, das du dir unterwegs beim Bäcker holst, und ein bisschen Obst. Deine Wasserflasche füllst du an deinem Arbeitsplatz noch einmal auf, dein Frühstück samt Kaffee bekommst du morgens am Bahnhof. Natürlich hat auch ein aufwendiges Outdoor-Dinner seinen ganz besonderen Charme, aber das Thema Essen ist keins, das dich auch nur ansatzweise bremsen sollte.

Frisch machen kannst du dich am frühen Morgen in einem Bach, Fluss oder See, mit deinem Rest Trinkwasser oder in der Bahnhofstoilette. Ehrlich: Gerade an großen Bahnhöfen sind die mittlerweile zum großen Teil zwar kostenpflichtig, aber auch sehr gepflegt. Auch Einkaufszentren haben in der Regel saubere Toilettenräume. Vielleicht kannst du sogar an deinem Arbeitsplatz duschen. Oder du fragst in einem Fitnessstudio freundlich an.

Ein 5-to-9-Abenteuer bietet die Chance, das radikale Lösungsdenken zu üben, das deine Mikroabenteuer-Einstellung entscheidend beeinflusst. »Wie mache ich es möglich?« Diese Frage darf dir nicht mehr aus dem Kopf gehen.

Egal, wo du arbeitest, innerhalb einer Stunde bist du mit öffentlichen Verkehrsmitteln immer an einem Ort, der dich durchatmen lässt – und hast (zumindest in den Sommermonaten) genügend Zeit, das Draußen zu genießen.

BERGE QUERGEDACHT

Die »Seven Summits« sind Kult in der Bergsteigerszene. Wer es schafft, aus eigener Kraft die jeweils höchsten Gipfel der sieben Kontinente zu besteigen, wird Teil eines erlauchten Kreises, dem einige der besten Alpinisten aller Zeiten angehören. Mit Mikroabenteuern hat das aber nichts zu tun.

In Anlehnung an die »Seven Summits« kursiert seit einigen Jahren eine Liste der »16 Summits«: Sie enthält die jeweils höchsten Erhebungen der 16 deutschen Bundesländer. Tatsächlich gibt es Outdoorsportler, die bereits alle 16 dieser »Gipfel« bestiegen haben. Ich entdeckte diese Liste irgendwann beim Recherchieren und wusste sofort, was ich zu tun hatte: eine Nacht auf Hamburgs höchstem Berg, dem Hasselbrack verbringen! Wenn du dir die Liste der »16 Summits« genau ansiehst, wirst du sehen, welche Anstrengungen das für mich bedeutete: 116 Meter über Hafenkante!

Warst du schon aus eigener Kraft auf dem höchsten »Gipfel« des Bundeslandes, in dem du lebst? Oder des Bundeslandes, in dem du geboren wurdest? Wenn nicht, dann wird es höchste Zeit. Solltest du in Bayern zu Hause sein, gibt es zwei Möglichkeiten: Entweder jammern, dass du vor einer echten Herausforderung stehst, oder aus dem gleichen Grund jubeln. Ganz ehrlich: Was sollen denn die Bremer sagen?

Die Liste auf der Seite 117 ist für mich Inspiration pur. Weil sie so repräsentativ für die Idee steht, die dem Mikroabenteuern zugrunde liegt: das Runterbrechen großer Träume auf das Machen vor der Tür. Mit einem Ziel, das keine Ausreden mehr duldet.

*Auf der nächsten Doppelseite findest du
einen Bericht zum Mikroabenteuer auf dem
Hasselbrack, dem höchsten Berg Hamburgs.*

// Die »16 Summits« in Deutschland

Baden-Württemberg: Feldberg, 1.493,00 m
Bayern: Zugspitze, 2.962,06 m
Berlin: Erhebung der Arkenberge, 120,70 m
Brandenburg: Kutschenberg, 201,00 m
Bremen: Erhebung im Friedehorstpark, 32,50 m
Hamburg: Hasselbrack, 116,20 m
Hessen: Wasserkuppe, 950,00 m
Mecklenburg-Vorpommern: Helpter Berge, 179,20 m
Niedersachsen: Wurmberg, 971,20 m
Nordrhein-Westfalen: Langenberg, 843,20 m
Rheinland-Pfalz: Erbeskopf, 816,32 m
Saarland: Dollberg, 695,40 m
Sachsen: Fichtelberg, 1.214,80 m
Sachsen-Anhalt: Brocken, 1.141,20 m
Schleswig-Holstein: Bungsberg, 167,40 m
Thüringen: Großer Beerberg, 982,90 m

Die Zugspitze, Mutter aller deutschen Summits, als Bilderbuch-Hintergrund des Eibsees. Welchen »Gipfel« nimmst du dir vor?

GIPFELGLÜCK AM HASSELBRACK

Früher Feierabend. Was das betrifft, ist es ein Segen, Freiberufler zu sein: Ich kann meine Arbeitszeit ziemlich flexibel gestalten. Eigentlich wollte ich schon um 14 Uhr los. Es ist schließlich Dezember, Nikolaustag genau genommen, und um diese Jahreszeit wird es unverschämt früh dunkel. Als ich in den Bus steige, zeigt die Uhr leider schon 15:30 Uhr. Ich muss einmal umsteigen, fahre mit dem zweiten Bus über die Autobahn durch den Elbtunnel bis in die Ausläufer der »Schwarzen Berge« am südlichen Rand des Stadtgebiets.

Um 16:15 Uhr steige ich als letzter Fahrgast an einer verlassenen Haltestelle aus. Verdammt, ich muss tatsächlich direkt meine Stirnlampe anknipsen, dabei wäre ich ganz gerne noch im Hellen hier angekommen. Irgendwo in dem Wald, der nach 15 Minuten Fußmarsch vor mir liegt, soll sich der Hasselbrack befinden, die höchste Erhebung Hamburgs.

Okay, die 116 Meter über Normalnull werden mich voraussichtlich nicht an meine Grenzen führen, aber ein bisschen geheimnisvoll ist dieser »Gipfel« schon: Oder ist es etwa nicht verdächtig, dass nicht ein einziges Schild den Weg auf Hamburgs höchsten Berg weist? Wo doch sonst aus jedem bekloppten Superlativ ein Touristenhype gemacht wird. Vielleicht habe ich aber auch einfach zu viel *Die drei ???* mit meinem Sohn gehört.

Im Wald ist es schwarz, und ich habe keinen Plan, nur mein Handy mit der Outdoor-App. Mal wieder. Ich hätte mir eine vernünftige Karte besorgen und sie vorher gut studieren sollen, dann wäre ich nicht so abhängig vom Empfang des GPS-Signals und der Übertragungsgeschwindigkeiten. Aber das habe ich nicht. Ehrlich gesagt ist das spontane Aufbrechen ohne großen Plan für mich eine der feinsten Zutaten eines richtigen Mikroabenteuers. Sicher, es gibt Touren, über die musst du im Vorfeld schon ein bisschen nachdenken, wenn du nicht harakirimäßig scheitern willst, aber die zum Hasselbrack gehört nicht dazu.

Der Lichtkegel, den meine Stirnlampe erzeugt, reicht aus, um zu sehen, ob ich noch auf dem schmalen Wanderpfad bin und wo er sich gabelt. Hinter einer kleinen Lichtung bin ich mir ziemlich sicher, ein Augenpaar aus der Dunkelheit leuchten zu sehen. Ich höre aber keine Bewegung. Nur der Wind rüttelt heftig an den Bäumen. Und natürlich rede ich mit mir selbst. Nach weiteren 45 Minuten Nachtwanderung am Nachmittag bin ich da: auf dem Dach »meiner« Stadt.

Ich kann es kaum glauben, aber da ist wirklich ein Gipfelstein. Mit einer Gravur: »Hasselbrack. 116 m. Höchster Punkt Hamburgs«. Und es kommt noch besser: Etwa einen Meter daneben ist eine kleine Metallkassette in den Boden eingelassen. Birgt die das Geheimnis dieses Berges? »Justus, Peter, Bob, ich habe hier was gefunden!« Erwartungsvoll hebe ich den Deckel der Kassette an, der nur mit einem Stein beschwert ist. Die Hamburger mögen ja als etwas zugeknöpft gelten, aber Humor haben sie: In der Metallkassette befindet sich ein Gipfelbuch. Letzter Eintrag von vorgestern. »Kamen zufällig hier vorbei. Was für ein Matsch! Berg heil von Gabi und Thomas«.

Der Hasselbrack ist tatsächlich eher eine Erhebung als ein Berg. Er liegt mitten im Wald. Keine tolle Aussicht, keine einzige exponierte Position. Da kann man schon mal zufällig vorbeistolpern. Nur etwa zwei Kilometer Luftlinie entfernt ruhen seine großen Brüder, der Hülsenberg und der Gannaberg, beide immerhin 155 Meter hoch, aber eben schon hinter der Grenze zu Niedersachsen.

Ich schließe die Metallkassette wieder und baue im Schein der Stirnlampe meine Hängematte auf. Ein Feuer zu machen kommt hier im Wald nicht infrage, schon gar nicht bei diesem Wind. Ich verordne mir selbst noch ein paar Liegestütze und lege mich dann frisch erwärmt in meinen Schlafsack. Es ist nicht einmal 18 Uhr, und ich denke mir, dass ich auch später hätte aufbrechen können, wo es doch jetzt sowieso die ganze Zeit dunkel war und ich vom Weg nicht viel mehr mitbekommen habe als das, was im Lichtkegel der Stirnlampe lag. Andererseits: Wann war ich das letzte Mal um 18 Uhr im Bett?

Ich drehe noch einen kleinen Selfie-Report aus der dünnen Höhenluft für die Facebook-Community, futtere ein bisschen Gemüse, einen Haferriegel und knipse das Licht aus.

Erst um 8 Uhr am nächsten Morgen wird es langsam wieder hell werden. Viel Zeit, um zu beobachten, wie die starken Windböen die Kiefern in alle Richtung wiegen, viel Zeit, um darüber nachzudenken, ob das hier ein sicherer Platz ist, aber auch genügend Zeit, um Argumente dafür zu sammeln. Viel Zeit, um richtig einzutauchen in diesen Wald, um unsichtbar zu werden und mich gleichzeitig »voll da« zu fühlen. Ausreichend Zeit, um ein paar Stunden zu schlafen.

Ich bin früh wach, aber warte mit dem Aufstehen noch, bis das große Licht wieder angeht. Dann trage ich mich ins Gipfelbuch ein und mache mich wieder auf den kurzen Weg in die Zivilisation. Im Bus sehe ich auf meinem Handy nach, ob ich mehr Informationen darüber finde, warum der Hasselbrack einerseits mit Gipfelstein und Gipfelbuch abgefeiert wird, andererseits aber auf keinem Hinweisschild auftaucht. Vor einigen Jahren stand da oben sogar noch ein Gipfelkreuz, erfahre ich. Außerdem brüte der äußerst seltene Raufußkauz, ein kleiner Eulenvogel, direkt auf dem Hasselbrack. Den wolle man schützen, hat ein Sprecher der Hamburger *Behörde für Umwelt und Energie* erst vor einigen Monaten gesagt. Deshalb keine Schilder, deshalb kein Ausbau des schmalen Pfades zum Gipfelstein. Das ist ein vernünftiger Grund.

Zufrieden lege ich das Handy zur Seite. Schön, dass es im Vorgarten einer Millionenstadt wie Hamburg tatsächlich noch so etwas wie Wildnis gibt. Zumindest das Gefühl davon. Wenig später bin ich wieder in der City. Ich fahre direkt zu einem Termin mit dem Redakteur eines Männermagazins. Hasselbrack? Hat er noch nie gehört. Woher auch? Für mich ist dieser Name ab sofort Musik.

Jahrelang hätte ich nur mit den Achseln zucken
können, wenn mich jemand nach dem höchsten
Berg Hamburgs gefragt hätte. Jetzt, wo ich dieses
unbarmherzige Monster mit seinen 116 Metern
Höhe erklommen habe, erzähle ich oft von ihm.

MIKROABENTEUER MIT KINDERN

Wenn es draußen was zu entdecken gibt, vergessen selbst Geschwister oft das Streiten. Unsere Aufgabe: Zurückhaltung.

Mikroabenteuer sind wie gemacht für Kinder. Die ganz großen Touren wirst du mit ihnen – je nach Alter – wahrscheinlich nicht durchziehen können. Aber die kleinen! Extrem wertvoll ist dabei ein Wechsel der eigenen Perspektive: Nicht du nimmst die Kinder mit auf ein Mikroabenteuer, sondern sie nehmen dich mit. Sprich: Poche nicht auf Gipfel und Distanzen, sondern stelle den Weg und das gemeinsame Erlebnis in den Vordergrund. Das heißt nicht, dass du Kindern nichts zutrauen solltest. Im Gegenteil!

Selbst die kleinsten sind zu überraschenden Leistungen fähig – wenn sie Lust haben. Wir sind mit unseren Kindern entgegen aller Empfehlungen den kompletten Routeburn-Track in Neuseeland gelaufen: 40 Kilometer und viereinhalb Tage auf und ab. Unser Sohn war drei, unsere Tochter fünf Jahre alt. Regel Nummer eins: Keiner wird auch nur einen Meter getragen. Regel Nummer zwei: mittags ein Fruchtgummi, abends ein zweites. Diese Tour ist bis heute eines unserer schönsten und vielleicht das prägendste aller unserer gemeinsamen Erlebnisse als Familie.

»Wenn sie Lust haben« ist der entscheidende Zusatz bezüglich der Bereitschaft von Kindern, die Natur zu erkunden und dabei jede Anstrengung zu vergessen. Den Kindern viel zuzutrauen, sie ausprobieren und bestimmen zu lassen ist der erste Schritt, diese Lust wachsen zu lassen. Dazu gehört auch, dass sie ihren eigenen Rucksack tragen (auch wenn er nur Alibi-Ausrüstung enthält). Und natürlich hilft es, Angebote zu machen: gemeinsam ein Lager bauen oder ein Floß, alle möglichen Dinge sammeln (zum Beispiel einen besonderen Stein), einen Schatz suchen, Feuer machen.

Die Strecke sollte möglichst abwechslungsreich sein (Wasser zieht immer!). Ein oder mehrere Freunde im gleichen Alter wirken Wunder, was die Motivation betrifft. Und Geschichten! Während eines Mikroabenteuers hast du die Gelegenheit, endlich mal in Ruhe zu erzählen – und eine gute Chance, dass die Kinder dir zuhören. Du kannst auch eine Belohnung in Aussicht stellen: in Form einer Medaille, einer Urkunde oder eines Abenteuerabzeichens (oder – pädagogisch weniger wertvoll – in Form von Fruchtgummis).

Übrigens sind Mikroabenteuer auch deshalb wie gemacht dafür, sie mit Kindern anzugehen, weil ihr nur wenig Gepäck braucht. Die komplette Ausrüstung einer vierköpfigen Familie samt Zelt, Schlafsäcken, Isomatten und aller Lebensmittel für fünf Tage zu schleppen (weil die Kinder noch so klein sind, dass sie nur Krimskrams in ihren Rucksäcken haben) kann nämlich ziemlich anstrengend sein.

Und noch was: Auch das Draußen-Übernachten ohne Zelt ist mit Kindern problemlos möglich. Mit sehr hoher Wahrscheinlichkeit werden sie sogar besser schlafen als du. Wichtig ist natürlich, dass sie nicht frieren. Der *Deuter Starlight Pro EXP Kinder* mit einer Komforttemperatur von 4 Grad ist zum Beispiel ein warmer Schlafsack mit tollem Preis-Leistungs-Verhältnis (99 Euro). Ein kleines Kind kannst du möglicherweise sogar samt Schlafsack mit in einen großen Biwaksack nehmen (oder du wählst einen geräumigeren Schlafsack und ihr schlaft zu zweit in einem). Alternativ kannst du auf einen Doppel-Biwaksack zurückgreifen – das passt in jedem Fall. Und natürlich die leichte, fest sitzende Mütze oder das *Buff* nicht vergessen. Am Kopf wird es nachts schnell kalt.

Die Magie des Nichts-Müssens: einfach ein paar Freunde gemeinsam von der Leine lassen und warten, was passiert.

AM WILDEN STRAND VON FEHMARN

Es ist April, und meine Frau fliegt mit einer Freundin für ein paar Tage nach Mallorca. Wellness. Die Kinder wollen auch mal wieder ans Meer. Ich schlage ihnen vor, dass wir an genau diesem Wochenende für zwei Tage nach Fehmarn fahren, mit dem Zug und ohne feste Unterkunft. Das Wetter ist zwar eher das, was man wohl wechselhaft nennt, aber egal. Samstagfrüh stehen wir in Hamburg am Bahnhof und steigen in die Bahn. Zwei Stunden später sind wir in Burg, dem zentralen Ort der Ostsee-Insel, und eine weitere Stunde später an der Steilküste Katharinenhof.

Es regnet. Mir macht das wenig aus und den Kindern offenbar auch. So sind wir immerhin allein, und das ist ein ganz gutes Gefühl, wenn man vorhat, irgendwann irgendwo ein Nachtlager zu errichten, von dem ja nicht gleich die ganze Insel wissen muss. Das hier ist zwar kein Naturschutzgebiet, aber das wilde Zelten ist natürlich verboten – und es gibt ja immer Menschen, die das mit dem Übernachten ohne Zelt durcheinanderkriegen.

Wir schlittern über einen nassen Pfad runter an den herrlich wilden Strand. Unendlich viele Steine in den verschiedensten Größen, umgestürzte Bäume, ausgerissene Wurzelgeflechte und jede Menge Muscheln liegen hier nach dem Chaosprinzip der Natur kreuz und quer verteilt. Groß für Ordnung sorgen kann der Mensch hier gar nicht, weil es durch die Steilküste für schweres Gerät gar keinen Zugang zum Strand gibt. Gott sei Dank.

Unsere Orientierung ist grob gen Süden ausgerichtet, immer am Wasser entlang, aber wir haben es erst mal nicht eilig. Ich hatte meiner Tochter von den Donnerkeilen erzählt, die hier zu finden sind, versteinerte Schalenteile urzeitlicher Tintenfische. Von Form und Größe ähneln sie ziemlich genau ihrem kleinen Finger; das stellen wir fest, als sie den ersten in der Hand hält. Meinen fast sechsjährigen Sohn muss ich in väterlichem Urvertrauen laufen lassen. Der klettert längst in Hundert Meter Entfernung über jedes Hindernis, das er finden kann.

Hinter der nächsten Biegung treffen wir doch jemanden: zwei Angler, die bis zu den Hüften im ruhigen Wasser stehen und geduldig auf den großen Fang warten – vielleicht auch auf einen kleineren, Wahrscheinlich sogar auf gar nichts. Oder anders: Ich glaube nicht, dass sie viel erwarten, außer Ruhe und Natur. Angler sprechen nicht viel. Wir nicken uns kurz zu und ziehen weiter.

Wir beginnen, nach einer Stelle zu suchen, an der die Steilküste uns nachts keine Erde oder Steine herunterschicken kann und an der wir einen sicheren Abstand zum Wasser haben, falls es später doch noch welliger werden sollte. Möglichst eben mit nicht allzu vielen großen Steinen wäre auch schön. Ich bin immer wieder erstaunt, wie klug selbst kleine Kinder solche Kriterien bewerten können. Es dauert nicht lange, bis wir einen geeigneten Platz gefunden haben.

Wir spannen als Erstes das Tarp. Zwei dicke Äste, die wir mühsam in den steinigen Untergrund rammen, dienen dabei als Pfeiler. Unser Dach ist nicht sehr hoch, aber erstens wollen wir ja auch nur darunterliegen (sitzen geht auch!), und zweitens können wir die Seiten der dünnen Plane so weiter Richtung Boden ziehen. Jetzt noch die Isomatten, die Schlafsäcke – und das Nachtlager steht. Es gibt noch eine Brotzeit und eine lange Geschichte von Möwe Jonathan, dann kuscheln wir uns aneinander und schlafen ein.

Am nächsten Morgen hat der Regen aufgehört. Es ist 8 Uhr, als wir unter dem Tarp hervorkriechen und eine der Isomatten herausziehen, um sie als Frühstücksbank weiter vorne am Wasser zu nutzen. Ich kann mich nicht erinnern, dass die Kinder zu Hause je so still dasaßen beim Essen.

Der Sonntag fliegt dahin. Das Wetter wird immer freundlicher, die Kinder entdecken einen kleinen Wasserfall, in dem ein totes Reh liegt. Sie kapern ein altes Boot und sind vor allem spürbar stolz, dass sie tatsächlich die Nacht draußen verbracht haben. Meine Tochter und ich fachsimpeln darüber, welche Steine sich gut als Perlenschmuck eignen, mein

Sohn testet aus, welche am besten platschen, wenn er sie ins Wasser wirft.

Bei Staberhuk verlassen wir den Strand und wandern noch ein paar Kilometer landeinwärts nach Staberdorf. Busse fahren hier heute nicht, also halten wir die Daumen raus. Mit zwei Kindern ist das easy – gleich das erste Auto hält an. Die unglaublich nette Fahrerin, selbst Mutter, macht sogar einen Umweg, um uns direkt in eine Pizzeria nach Burg zu fahren. Erst Spaghetti in echt, dann als Eis, so habe ich es versprochen. Während wir uns den Bauch vollschlagen, beginnt es draußen wieder zu regnen. Macht uns immer noch nichts. Und auf Mallorca ist es auch nicht besser, wie uns Mama später am Telefon erzählt.

Als wir in Hamburg wieder aus dem Zug steigen, fühlt es sich an, als wären wir eine ganze Woche weg gewesen. So viel haben wir gar nicht gemacht, aber wir haben großartige, simple Erinnerungen im Gepäck. Neben mehreren Kilo ganz besonderer Steine natürlich.

Komprimiertes Glück: Zwei halbe Tage und eine Nacht an der Steilküste der Ostsee-Insel Fehmarn können unzählige schöne kleine Momente bereithalten. Gerade dann, wenn du wenig erwartest und planst.

MIKROABENTEUER MIT DEM HUND

Jeder Hundebesitzer weiß, wie wohltuend es ist, gemeinsam mit dem Gefährten in der Natur unterwegs zu sein. Weil die Natur für beide der ursprüngliche Lebensraum ist und ein unbeschreibliches Freiheitsgefühl vermittelt. Außerdem weiß jeder Hundebesitzer (er sollte es zumindest!) ganz genau, welche Bedürfnisse sein Hund hat und was er ihm zutrauen kann, sprich: ob er bereit ist für längere Wanderungen bzw. echte Mikroabenteuer. Da nicht nur jede einzelne Hunderasse, sondern auch jeder einzelne Hund anders »tickt«, macht es an dieser Stelle wenig Sinn, konkrete Hinweise für Touren zu geben, die dann möglicherweise nur bedingt passen. Folgende Punkte solltest du aber unbedingt beachten:

// Auf die Vorschriften vor Ort achten! Ganz besonders gilt das für die Frage: Leine oder nicht? Sieh dir Naturschutzverordnungen genau an und respektiere sie. Mach dich schlau, ob dort, wo du unterwegs bist, gerade gejagt wird oder wilde Tiere unterwegs sind. Lass deinen Hund von der Leine, wenn sich Kühe oder Wildschweine von ihm bedroht fühlen (sonst machst du selbst im Zweifel unangenehme Bekanntschaft mit ihnen). Du musst deinen Hund nicht ständig anleinen, aber verhaltet euch so, dass ihr andere nicht stört.

// Genügend Wasser mitnehmen! Du wirst in den meisten Fällen irgendwo fließendes Wasser finden. Pfützen oder Sumpfgewässer sind aber potenzielle Keimträger. Deshalb nimm am besten genügend Wasser mit. Es gibt Trinkflaschen mit integriertem Napf, die sich dafür wunderbar eignen.

// Geschirr für Bewegungsfreiheit: Du wirst deinen Hund ziemlich sicher öfter anleinen müssen, als es dir lieb ist. Damit sein Freiheitsgefühl nicht noch durch ständiges Ziehen am Hals eingeschränkt wird, gönne ihm ein gutes Wander-Brustgeschirr wie das *Hurtta Active* oder das *Julius-K9*.

FOTOGRAFIEREN UND FILMEN

Auf der Teufelsley bei Altenahr. Aus dem Eifel-Mikroabenteuer ab Köln ist der Kurzfilm »Am besten draußen« entstanden.

Es ist unglaublich erholsam, für die Zeit eines Mikroabenteuers alle elektronischen Geräte auszuschalten – oder wenigstens das Smartphone. Ich bringe gerne Fotos und Filme von meinen Mikroabenteuern mit, um sie später mit anderen zu teilen. Die mache ich, wenn ich nicht gerade professionelle Begleitung habe, allerdings mit dem Smartphone, deshalb wird es mit dem Ausschalten selten was. Gott sei Dank gibt es den Flugmodus. Ich habe mir vor Kurzem das *iPhone X* geleistet (oder besser: über einen hohen Monatstarif finanziert), weil es eine so gute Kamera hat, dass ich auf eine zusätzliche Kamera guten Gewissens verzichten kann.

Jedem, der von einem Mikroabenteuer schöne Fotos mit nach Hause bringen möchte, kann ich nur empfehlen, sich ein stabiles, flexibles Outdoor-Stativ zu besorgen inklusive einer passenden Halterung für Kamera oder Smartphone (zum Beispiel die *GorillaPods* von *Joby* oder das günstige *3in1-Mini-Stativ* von *Lammcou*). Mit einem Stativ machst du auch noch scharfe Bilder, wenn es dämmert (sehr hilfreich für Sonnenauf- und -untergänge!), und du kannst dich auch mal selbst fotografieren oder filmen). Die Modelle mit flexiblen Beinen lassen sich an Ästen oder Geländern fixieren.

Meiner Erfahrung nach sind Smartphone-Akkus allerdings ziemlich unzuverlässig. Auch auf andere Akkus solltest du nicht wetten, vor allem wenn es draußen kalt und die Akkus schon älter sind. Ich habe deshalb immer genügend Extra-Energie in Form einer oder (je nachdem, was ich vorhabe) auch mehrerer Powerbanks dabei. Wichtig: Die Powerbanks wenn möglich immer warm halten, da sie sonst schnell an Leistung verlieren können. Ist es sehr kalt, trage sie am Körper. Nachts kannst du sie mit in den Schlafsack nehmen.

Praktisch, wenn man Fotografen und Filmemacher als Freunde hat: mein alter Kumpel Kai Hattermann von *Filet Royal* mal ohne Stativ. Auch Fotograf Torsten Kollmer ist ein treuer Begleiter.

EHRENKODEX IN DER NATUR

Egal, wo in der Natur du dich aufhältst, es sollte selbstverständlich sein, dass du sie respektierst und schützt, und zwar sowohl Pflanzen als auch Tiere. Das deutsche und europäische System von Landschafts- und Naturschutzgebieten, Nationalparks, Biosphärenreservaten, Natura-2000-Gebieten, Naturdenkmalen usw. ist lobenswert, aber es ist gleichzeitig auch so unübersichtlich, dass du nur Gewissheit über Gebote und Verbote bekommst, wenn du dir die Verordnungen der einzelnen Gebiete genau durchliest – und damit meine ich wirklich jedes einzelne Gebiet, denn jede Kommune in Deutschland hat die Möglichkeit, in einem gewissen Rahmen ihre eigenen Verordnungen zu machen – was auch gut ist, denn sonst dürften wir da draußen sicher noch weniger.

Die Verordnungen zum Schutz der Natur gelten übrigens für jeden. Ich kenne den Gedankengang: »Ich bin ja ein Freund der Natur. Ich kenne mich besser aus als andere, also ist es schon in Ordnung, wenn ich hier und da den Weg verlasse, wo es eigentlich, also denen, die rücksichtslos sind, nicht erlaubt ist.« Und dann wische ich diesen Gedanken direkt wieder weg. Weil die Gesetze nun mal keinen Unterschied zwischen Ignoranten und Naturfreunden machen. Fertig, keine Diskussion! Was mir bleibt, ist genau hinzusehen und Grauzonen zu nutzen. Einige davon habe ich bereits skizziert. Immer und überall versuche ich aber, die folgenden Verhaltensregeln einzuhalten, die eine Art Ehrenkodex für Mikroabenteurer darstellen:

// Verhalte dich ruhig! Dass du keine laute Musik in der Natur hören solltest, ist hoffentlich sowieso klar. Aber auch menschlicher Lärm stört die Tiere. Sofern du nicht in einer Notsituation bist, schrei also nicht herum. Gegen gemeinsames Lachen am Lagerfeuer ist aber nichts einzuwenden. Das Lagerfeuer sollte nur erlaubt sein und das Lachen nicht unter Alkoholeinfluss zum Grölen ausufern.

// Lass NICHTS in der Natur zurück! Es kommt vor, dass du nicht an jeder Ecke einen Mülleimer findest. Sammele deinen Müll und entsorge ihn ordnungsgemäß (zum Beispiel im nächsten Ort). Dazu gehört übrigens auch dein Toilettenpapier. Es ist vielleicht etwas viel verlangt, dieses nach Benutzung wieder einzupacken. Du solltest es dann aber mindestens mitsamt deinem großen Geschäft in einer Mulde oder einem vorher gebuddelten Loch hinterlassen und es mit Erde, Laub und/oder Gras bedecken (merke: Taschentücher verwesen deutlich langsamer als normales Toilettenpapier!)

// Vorsicht mit Feuer! Mach nur da Feuer, wo es nicht verboten ist. Und auch dann nur mit gesundem Menschenverstand: auf einem Untergrund, in den dein Feuer nicht sofort ein Loch brennt (zum Beispiel auf Steinen, einem Kiesbett oder Sand), nicht direkt unter tief hängenden Ästen und gar nicht, wenn es zu trocken oder windig ist. Das Gleiche gilt übrigens für deinen Kocher (streng genommen auch ein offenes Feuer). Ist es nötig, das Rauchen hier ebenfalls mit zu erwähnen? Auch das solltest du in der Natur ganz unterlassen – oder Asche und Stummel rückstandslos entsorgen.

// Nimm nichts mit nach Hause! Außer das, was du selbst mitgebracht hast. Wirklich: Wilde Blumen sind schön, aber sie gehören in die Natur. Den einen besonderen Stein, den du mit deinen Kindern im Naturschutzgebiet gefunden hast, könnt ihr dem Wald auch in einer Art Zeremonie wieder zurückgeben. Einzige Ausnahme: der Müll von anderen. Den darfst du selbstverständlich gerne zusammen mit deinem eigenen feierlich nach Hause tragen.

// Respektiere Verbote! Wie oben bereits beschrieben: Was verboten ist, ist verboten. Für jeden. Abgesperrte Gebiete darfst du nicht betreten (Privatgelände auch nicht), in Naturschutzgebieten zum Beispiel die Wege nicht verlassen. In Sachen Draußen-Übernachten gibt es oft Grauzonen, die du – ebenfalls respektvoll – nutzen kannst.

// Verhalte dich rücksichtsvoll und hilfsbereit! Und zwar nicht nur gegenüber Flora und Fauna, sondern auch gegenüber anderen Menschen. Egal, wem du unterwegs begegnest, sei offen, freundlich und wertschätzend. Sollte jemand Hilfe benötigen, biete sie ihm an – auch wenn er nicht explizit danach fragt. Dein Kilometerschnitt und Tagesziel sind in einem solchen Fall zweitrangig.

Im Anhang findest du außerdem die »10 goldenen Regeln für das Verhalten von Wassersportlern in der Natur«, die alle deutschen Wassersportverbände gemeinsam erarbeitet haben (siehe Seite 264).

Je öfter wir in der Natur unterwegs sind, desto mehr werden wir uns der Verantwortung bewusst, die wir für sie haben. Der beste Weg, dieses Verantwortungsgefühl auch bei anderen zu wecken: mit gutem Beispiel vorangehen.

SURVIVAL-BASICS

Du hast es sicher schon gemerkt: Dies ist kein Survival-Handbuch. Zum einen gibt es davon schon genug, sogar sehr gute, zum anderen tendiert die Wahrscheinlichkeit, dass du im deutschsprachigen Raum eine Situation erlebst, bei der es ernsthaft ums nackte Überleben in der Natur geht, stark gegen null. Selbstverständlich sind Survival-Kenntnisse immer eine Bereicherung für das persönliche Repertoire, und wer weiß, wann sie doch einmal Leben retten können. Aber meistens geht es bei Survival-Aktionen doch eher darum, Abenteuer zu spielen. Und das macht Spaß. Der Begriff »Bushcraft« fällt in diesem Themenzusammenhang auch häufig. Er beschreibt das Herstellen von lebensnotwendigen Werkzeugen und Objekten aus natürlichen Materialien in der Natur. Die Grenzen zwischen Survival und Bushcraft sind in der Praxis fließend – und beide üben eine erstaunliche Faszination auf viele Menschen aus.

Kurz: Du wirst bei einem Mikroabenteuer nicht darauf angewiesen sein, Feuer wie zu Urzeiten machen zu können, um nachts nicht zu erfrieren. Nimm einfach ein Feuerzeug mit oder besser noch: einen warmen Schlafsack. Oder geh einfach zum nächsten Haus, um dort zu klingeln, solltest du deine komplette Ausrüstung verloren haben (aus welchen Gründen auch immer). Aber wenn du Lust auf eine besondere Herausforderung, ein besonderes Erlebnis hast, dann nimm dir als Mikroabenteuer oder als Teil eines Mikroabenteuers vor, ein Feuer ohne Feuerzeug oder Streichhölzer zu entzünden. Nicht weil du es unbedingt musst, sondern weil du es kannst. Vielleicht.

// Feuer machen: Das Feuermachen ist deshalb eine so wichtige Survival-Fähigkeit, weil es vor dem Auskühlen und vor wilden Tieren schützt, weil du es zum Kochen von Wasser und Nahrungsmitteln sowie zum Trocknen von Kleidung nutzen kannst. Bevor du beginnst, wie wild einen Stock auf einem Stück Holz zu reiben, solltest du einige Vorbereitungen treffen, die deine Erfolgschancen erhöhen (bitte nicht gleich verzweifeln; wenn es einfach wäre, könnte es jeder):

1. Ein »Bett« für das Feuer bauen, das eine Sauerstoffzufuhr von unten ermöglicht, zum Beispiel aus kleinen Ästen in einer Erdmulde.

2. Einen Windschutz bauen.

3. Zündmaterial sammeln (zum Beispiel zerriebene Rinde, Löwenzahnköpfe, Holundermark, Reisigspäne oder Birkenrindenstreifen).

4. Trockenen Zunder sammeln (zum Beispiel abgestorbene Fichtenzweige, trockenes Gras oder Flechten).

5. Brennholz sammeln (trockene Äste und Zweige, am besten der Größe nach sortiert).

Dann brauchst du noch einen schnurgeraden, etwa zeigefingerdicken und 20 bis 30 Zentimeter langen, zentriert angespitzten Ast als Bohrer, ein Druckstück mit einem Loch für den Bohrer, das den Bohrer in Position hält, ein (trockenes!) Bohrbrett und einen etwas längeren Ast mit einer an beiden Enden befestigten Schnur, in die du den Bohrer einspannen und ihn mit einer Hand antreiben kannst, während du mit der anderen das Druckstück fixierst. Läuft alles nach Plan, entsteht irgendwann glühender Holzstaub, den du in einer vorher eingeschnitzten Kerbe auffängst. Wenn dieser zu rauchen beginnt, noch eine Minute weitermachen, dann das Druckstück wegnehmen, das Zündmaterial direkt auf den glühenden Staub legen und durch leichtes Anblasen zum Brennen bringen. Vorsichtig den Zunder nachlegen, dann Brennholz.

Klingt komplex? Ist es auch! Wenn du ernsthaft Interesse daran hast, das Feuermachen zu lernen, recherchiere weiter zu dem Thema und vor allem: Probiere es aus!

137

Mikroabenteuer Feuermachen. Eine archaische, ehrliche und meditative Herausforderung. Wichtigste Fähigkeit: Geduld.

// **Einen Unterschlupf bauen:** Nur mit Ästen und Laub kannst du dir einen effektiven Schutz vor Kälte, Wind und Regen bauen. Suche dir einen großen umgefallenen Baum und konstruiere dir ein Schrägdach, das vom Baumstamm zum Boden führt. Dafür lehnst du erst genügend Äste in minimalem Abstand an den Baum und drückst die Enden leicht in den Boden ein, damit sie stabil stehen. Dann bringst du Laub, Zweige und andere Materialien (auch Erde kann funktionieren) von unten nach oben (der Schindeleffekt!) auf das Schrägdach auf – bis es regendicht ist. Je nach Wetter- und Materiallage kannst du auch die Rückseite und die andere, »offene« Seite des Baumstammes noch abdichten. Ist kein geeigneter Baumstamm in der Nähe, grabe einen genügend langen, stabilen Ast mit Astgabel so in die Erde, dass er senkrecht steht und du einen mindestens drei Meter langen graden Ast oben hineinlegen kannst. Dieser von der Astgabel schräg Richtung Boden laufende Ast ist nun quasi dein umgefallener Baumstamm, an den du beidseitig – Wie oben beschrieben – ein Schrägdach baust. Achte darauf, dass du immer parallel rechts und links arbeitest, damit deine Konstruktion keine Schlagseite bekommt und in sich zusammenfällt, bevor sie fertig ist. Als Survival-Unterlage zur Isolation gegen die Bodenkälte schaufele am besten ordentlich Laub in deine kleine Schutzhütte. Ob du dein Survival-Training (oder -spiel) voll durchziehen und in dieser Unterkunft auch wirklich schlafen willst, musst du selbst entscheiden. So viel vorweg: Es ist eine »ehrliche«, sehr intensive Annäherung an Mutter Erde und ihre Bewohner.

// Mit Karte und Kompass orientieren: Eine Fähigkeit, die angesichts von GPS und Outdoor-Navigations-Apps mittlerweile fast überflüssig erscheint. Sie ist es aber nicht. Selbst wenn Apps auch offline funktionieren – sobald dein Smartphone oder deine GPS-Uhr keinen Saft mehr haben und du keinen Schimmer von deiner Position und der Umgebung, dann ist es doch hilfreich, eine analoge Karte dabeizuhaben, sie lesen zu können und mithilfe eines Kompasses wieder auf den rechten Weg zu finden. Wichtig ist, dass du immer eine Vorstellung davon hast, wie die Landschaft, in der du dich bewegst, ungefähr aussieht – und zwar auch in den Teilen, die du gerade nicht sehen kannst. Wo laufen Flüsse? Welche Bergzüge und Wälder gibt es? Wie sind die Höhenverhältnisse in etwa? In welcher Entfernung und in welchen Himmelsrichtungen liegen Ortschaften?

Um deine Orientierungsfähigkeiten zu trainieren, benutze auf einem Mikroabenteuer ruhig mal ganz gezielt nur eine analoge topografische Karte und präge dir die Landschaft ein. Besorge dir einen verlässlichen Kompass (ein günstiges Modell für Einsteiger ist zum Beispiel der *Map Compass Mirror* von *Easy Camp* für 8 Euro) und übe immer wieder zwischendurch das Anpeilen eines markanten Punktes, zum Beispiel einer Bergspitze, im Gelände. Du kannst zum Beispiel den Winkel zwischen Norden und der Richtung, in der eine

Ortschaft liegt, von deiner Karte auf die Landschaft übertragen und mit dem Winkel zwischen deiner angepeilten Bergspitze und Norden abgleichen. Im Prinzip ist Kompassarbeit nämlich nicht viel mehr als das Messen und Abgleichen von Winkeln. Wenn du einen Kompass kaufst, ist oft auch eine Beschreibung zur Benutzung dabei (bei dem oben empfohlenen Modell allerdings nicht!). Wenn du dich in das Thema einfuchsen willst, findest du aber nach einer kurzen Internetrecherche auch alle nötigen Informationen.

Alternative zum Autopiloten: Die Arbeit mit Karte und Kompass trainiert die analoge Orientierungsfähigkeit in der Landschaft.

// **Angeln, Jagen und Sammeln:** Da du in einer Notsituation bis zu drei Wochen ohne Essen überleben kannst, fehlt die Mikroabenteuer-Relevanz hier leider komplett. Das Survival-Spielen ist in diesem Zusammenhang auch nicht angemessen, weil du ohne entsprechende Berechtigung gar nicht einfach so angeln und jagen darfst. Ist es ganz schlimm mit dem Hunger, dann hast du Glück: Im nächsten Kapitel geht es um die »Mikroabenteuer-Küche«.

MIKROABENTEUER KÜCHE

Das Essen und Trinken während eines Mikroabenteuers, inklusive Zubereitung, kann von Tour zu Tour und vor allem je nach persönlichen Vorlieben, Anlässen und Bedingungen völlig unterschiedlich aussehen. Während du dich auf einer langen Expedition in der Wildnis extrem einschränken musst, was die Auswahl der Koch-Hardware und der Lebensmittel betrifft (das Gewicht!), kannst du auf ein Mikroabenteuer sogar eine gusseiserne Pfanne mitnehmen. Du musst sie schließlich nicht lange schleppen.

Auch Lebensmittel, die eigentlich in den Kühlschrank gehören, lassen sich unter Umständen ein oder zwei Tage ungekühlt transportieren, ohne dass sie ungenießbar werden. Sprich: Auf einem Mikroabenteuer hast du die Möglichkeit, aus dem Vollen zu schöpfen. Du kannst richtig groß auffahren und sogar das Essen selbst zur zentralen Herausforderung, zum Höhepunkt deiner Tour machen. Das macht vor allem dann Spaß, wenn du nicht alleine unterwegs bist.

Auf der anderen Seite kannst du das Thema der Nahrungszubereitung auf einem Mikroabenteuer auch komplett links liegen lassen. Du bist ja nicht lange weg, und wenn du dir zu Hause genügend Produkte einpackst, die keine Zubereitung benötigen oder von dir vorher schon zubereitet wurden, dann wirst du gut klarkommen, ohne auch nur eine Minute hungrig sein zu müssen. Selbst wenn du gar nicht essen solltest, würde dich das nicht umbringen. In den meisten Fällen kommst du während eines Mikroabenteuers aber auch zwischendurch noch mal an einen Landgasthof, an eine Bahnhofsdrogerie oder einen Supermarkt, an dem du dir etwas zu essen kaufen kannst.

Ich erinnere mich an einen dunklen Oktoberabend im Harz, an dem ich mit zwei Freunden zu Fuß entlang der Bode unterwegs war. Wir waren auf der Suche nach einem Schlafplatz für die Nacht, wollten auch später noch ein einfaches Abendessen auf dem Gaskocher brutzeln, hatten aber gerade jetzt schon richtig Hunger. Die Hoffnung auf einen schnellen, guten Happen irgendwo am Weg hatten wir aber längst aufgegeben. Mitten im Nichts entdeckten wir dann auf der anderen Seite einer Brücke über den Fluss, neben einem Wohnhaus, eine Art Holzschuppen, an dem ein Leuchtschild hing. Irgendetwas mit Fisch. Wir waren nicht sonderlich zuversichtlich, als wir uns dem Schuppen näherten, vor allem weil er von innen überhaupt nicht beleuchtet war. Dann fanden wir eine Klingel, drückten drauf – und aus dem Haus nebenan kam ein älterer Herr, der uns jedem ein fettes Stück geräucherten Lachs verkaufte und unsere Trinkflaschen auffüllte. Das war einer der schönsten Momente dieser Tour.

Goldene Regel: Wo in Deutschland Menschen leben, da gibt es auch etwas zu essen und zu trinken. Einfach danach zu fragen führt oft zu ganz besonderen Begegnungen. Dann sitzt du plötzlich in einem verwunschenen Garten an einem alten Holztisch und trinkst mit einer skurril zusammengewürfelten Familie selbst gepressten Apfelsaft, obwohl du eigentlich nur über den Zaun gefragt hast, ob es möglich wäre, etwas Leitungswasser zu bekommen.

Die Tatsache, dass in der Mikroabenteuer-Küche im Prinzip alles denkbar ist, macht es unmöglich, hier sämtliche Facetten im Detail zu beleuchten. Ich will mich deshalb auf meine persönlichen Erfahrungen und Tipps beschränken.

Abendessen an der langen Tafel. Auf einem Mikroabenteuer ist kulinarisch alles möglich – vom Expeditionsfood bis zum Sixpack.

Offenes Feuer ist ein heikles Thema beim Mikroabenteuer.
Am wenigsten Schaden verrichtet es auf Sand oder Steinen.

// **Lagerfeuer und Kocher:** Offenes Feuer ist unschlagbar, wenn es um die Atmosphäre geht – Würstchen am Stock, Kartoffeln in Alufolie, Grillen auf einem einfachen Rost. Auf offenem Feuer richtig zu kochen, also Nudeln, Reis und Co zubereiten, ist aber gar nicht so einfach. Außerdem ist offenes Feuer in vielen Gebieten gar nicht erlaubt – und das zu Recht, denn gerade dann, wenn es genügend trockenes Holz gibt, ist auch die Waldbrandgefahr hoch (abgesehen davon, dass eine Feuerstelle auch den Boden in der direkten Umgebung extrem angreift). Solltest du also ein offenes Feuer machen wollen, achte darauf, dass du es an einem Ort tust, an dem es nicht verboten ist und die Natur nicht zerstört.

Ein guter Platz ist zum Beispiel eine große Kies- oder Sandbank am Fluss. Noch einmal: Offenes Feuer hat Erlebnisfaktoren, an die ein Kocher nie herankommen kann. Und natürlich hat das auch wieder mit Evolution zu tun. Vor unserem alten Wohnwagen, der seit zehn Jahren auf dem Hamburger Elbstrand steht, sitze ich im Sommer jeden Abend am Feuer. Wenn es ganz nüchtern um die Essenszubereitung unterwegs geht, ziehe ich allerdings meinen Gaskocher vor.

Neben dem Gaskocher kommt für mich für ein Mikroabenteuer nur noch ein Esbit-Kocher infrage. Gaskocher arbeiten mit Gaskartuschen, in die ein Brenner entweder direkt oder über eine Schlauchverlängerung eingeschraubt wird, Esbit-Kocher mit Esbit-Tabletten, die du auf eine Metallplatte legst und anzündest. Beide Arten von Kochern benötigen in der Regel noch einen Windschutz, um vernünftig einheizen zu können. Esbit-Kocher sind extrem leicht, ihre Heizleistung ist aber nicht stufenlos verstellbar, und die Esbit-Tabletten müssen immer trocken gehalten werden (was auf einem Mikroabenteuer kein großes Problem darstellen sollte).

Gaskocher sind stufenlos regulierbar, sehr sauber, aber verlieren an Heizleistung, wenn die Temperaturen in den Minusbereich sinken. Für ein Mikroabenteuer reicht normalerweise eine kleine Gaskartusche. Bei Gaskochern solltest du vor allem darauf achten, dass sie standfest sind. Bei den Herstellern *Primus*, *Optimus*, *MSR* und *Jetboil* bist du gut aufgehoben und wirst mit hoher Wahrscheinlichkeit die richtige Lösung für deine persönlichen Bedürfnisse finden. Nur nicht vergessen, auch gleich nach einem Windschutz und möglicherweise nach Töpfen und Pfannen zu gucken.

Die einfachste und günstigste Kocher-Variante ist übrigens der sogenannte »Hobo-Kocher«, den du aus einer Konservendose selbst bauen kannst. Hobo-Kocher arbeiten mit dem Kamineffekt bzw. dem Ansaugen von Luft durch Öffnungen im Blech. Sie funktionieren ähnlich wie die Metallgefäße, die mittlerweile oft zum Anheizen von Grillkohle verwendet werden. Einen Hobo-Kocher zu bauen und darauf ein Abendessen zuzubereiten kann sogar ein eigenes Mikroabenteuer sein. Hobo-Kocher gibt es – wie sollte es anders sein – auch zu kaufen: zum Beispiel die *Bushbox LF* von *Bushcraft Essentials* (auch für etwas größere Töpfe geeignet) oder den kleinen *Toaks Titanium Backpacking Woodburning Stove*.

// Töpfe und Geschirr: Die meisten Kocher-Hersteller haben auch Töpfe und Pfannen aus den unterschiedlichsten Materialien und mit zum Teil sehr praktischen Lösungen im Angebot (zum Beispiel Deckel, die gleichzeitig als Ausguss-Sieb dienen). *Primus* ist immer eine gute Wahl und informiert auf seiner Website sehr ausführlich über Materialien und Einsatzbereiche. Aber natürlich kannst du auch einen stinknormalen Kochtopf aus deiner Küche mitnehmen. Viel Geschirr brauche ich darüber hinaus nicht. Mir reicht im Prinzip eine mittelgroße Schale. In einigen Topfsets ist schon eine dabei. Kult ist natürlich das vielseitige *Berghaferl*.

Trinken tue ich aus einer geschmacksneutralen und weichmacherfreien Flasche (zum Beispiel von *Nalgene*, *Klean Kanteen* oder *Mizu*). Klar, ein Schneidebrett ist manchmal auch ganz praktisch, aber ich komme meist auch ohne gut klar. Löffel und Gabel können aus deiner Küchenschublade kommen, als Messer benutzt du dein Taschenmesser (das du sowieso auf jeder Tour dabeihaben solltest).

Biologisch abbaubares Spülmittel (zum Beispiel *Dr. Bronner's 18-in-1 Naturseife*) ist sehr praktisch, um Töpfe und Geschirr direkt nach dem Essen zu säubern. Sonst schmeckt das Müsli am Morgen nach den Zwiebeln von gestern oder das Kaffeewasser hat Fettaugen. Alles kein Drama, aber vermeidbar. Auch etwas Asche mit Wasser vermischt reinigt übrigens gut. Grundsätzlich haben die Hersteller *Light my Fire* und *Sea to Summit* hervorragende Lösungen rund um Geschirr und Besteck für Draußen-Abenteuer.

// Verstauen: Nicht nur auf längeren Touren, sondern auch auf Mikroabenteuern ist es ganz angenehm, Lebensmittel in wiederverschließbaren, halbwegs reißfesten Behältern zu transportieren. Dann musst du die Nudeln abends nicht erst einzeln aus den Untiefen deines Rucksacks sammeln, bevor du sie in das heiße Wasser schmeißen kannst. Sehr praktisch sind zum Beispiel Gefrierbeutel mit Zip-Verschluss, weil sie sich vom Volumen immer dem Inhalt anpassen und im leeren Zustand gar keinen Platz mehr wegnehmen. Auch flüssige oder schmierige Flüssigkeiten wie Öl, Butter oder Marmelade packst du am besten um. Du wirst nämlich höchstwahrscheinlich gar nicht so viel benötigen, wie eine Standardverpackung aus dem Supermarkt enthält. Von *Light my Fire* gibt es etliche smarte Verstauungslösungen für Lebensmittel, wie zum Beispiel das Container-System *Add-a-twist*. An kleinen Flaschen und Dosen wirst du bei *Nalgene*, *Coghlans* und *Relags* fündig – alternativ im Laborbedarf.

// Lebensmittel: Erlaubt ist, was gefällt. Seit ich mit dem amerikanischen Bergsteiger Conrad Anker über Abenteuerernährung gesprochen habe, gibt es für mich aber einen klaren persönlichen Favoriten, wenn es um warme Mahlzeiten geht: Couscous. Conrad schwört darauf, wenn er am Berg unterwegs ist – und ich tue es mittlerweile auch. Couscous muss nämlich nicht kochen, sondern einfach mit der doppelten Menge kochendem (oder heißem) Wasser übergossen werden. Dann lässt du ihn zehn Minuten abgedeckt stehen und kannst in dieser Zeit die anderen Zutaten vorbereiten, ehe du sie unter den Couscous mischt.

Ich mache Couscous oft simpel-deftig mit angerösteter luftgetrockneter Salami, Zwiebeln und Butter, aber auch als Frühstück mit Obst und Kokosmilch. Wenn ich keine Lust habe, groß zu kochen, nehme ich gerne kalte Pfannkuchen und Haferriegel mit. Trockenfleisch, das unter dem Begriff »Beef Jerky« immer beliebter wird, liefert viel Energie bei geringem Gewicht – ein toller Snack für alle Nicht-Vegetarier (ich bevorzuge unmarinierte Varianten wie das *Reindeer Jerky* oder das *Elk Jerky* von dem schwedischen Start-up *Renjer*).

Gefriergetrocknete Fertignahrung für Outdoor-Abenteuer weist natürlich auch ein extrem gutes Verhältnis von Energiedichte und Gewicht auf. Die Verpackungen selbst sind meist so konstruiert, dass du sie nur aufschneiden, heißes Wasser hineingießen und ein paar Minuten warten musst. Auf langen Touren sind sie sehr praktisch, für Mikroabenteuer halte ich sie für weniger relevant. Wenn du in Sachen Gepäck sehr auf minimales Gewicht fokussiert bist, können sie aber sinnvoll sein. Geschmacklich weit vorne sind jedenfalls die Produkte vom noch relativ jungen, aber in der Szene bereits sehr beliebten Unternehmen *Lyofood*. Klassiker ist *Trek'n Eat*. Zucker, Salz und Pfeffer für Mikroabenteuer-Touren besorge ich mir meist in diesen kleinen briefartigen Papierverpackungen von Bäckereien, Autobahn-Rastplätzen oder Kantinen.

// Kaffee: Auch unter Outdoor-Fans eine Religion. Ich selbst war Gott sei Dank noch nie so kaffeesüchtig, aber ich kenne genügend Menschen, denen du besser wenigstens eine Tasse am Morgen organisierst, bevor du den ganzen Tag schlechte Stimmung ertragen musst. Die einfachste Möglichkeit der Kaffeezubereitung mit dem Kocher ist türkisch: Wasser aufkochen (bei Bedarf vor dem Aufkochen Zucker einrühren), dann das Wasser vom Kocher nehmen und zwei Löffel Kaffeepulver pro Tasse ins Wasser geben. Noch zweimal aufkochen und zwischendurch immer kurz vom Kocher nehmen. Vor dem Eingießen einen Löffel kaltes Wasser hinzufügen, um das Absetzen des Kaffees zu beschleunigen.

Weitere Möglichkeiten sind der einfache Espressokocher, die *French Press* (es gibt auch entsprechende Einsätze für die kleinen Schnellkochtöpfe einiger Kocher-Hersteller, zum Beispiel *Primus*, *MSR* und *Jetboil*) oder die *AeroPress*. Wenn du auf frisch gemahlenen Kaffee stehst, kannst du eine kleine Handkaffeemühle mitnehmen.

Am anderen Ende der Genuss-Skala steht der schnöde Instant-Kaffee. Es gibt aber mittlerweile auch sehr raffinierte Aufgießlösungen wie den *Coffee-Brewer* von *Grower's Cup*, ein Mini-Filtersystem mit edlen Kaffeesorten in einer Tüte, in die du nur heißes Wasser füllen musst.

Auf den folgenden Seiten findest du einige Rezeptideen, die sich für die Zubereitung auf dem Kocher bzw. über dem offenen Feuer eignen und somit voll mikroabenteuertauglich sind. Individuelle Varianten sind ausdrücklich erlaubt.

Ein guter Gaskocher ist eine Investition, die sich definitiv lohnt. Er macht dir Kaffee an der Elbe und schmelzt Schnee für die warme Suppe in den Bergen (siehe Fotos auf Seite 151).

FRÜHSTÜCKSREZEPTE

Grießbrei mit Obst und Gewürzen

// 80 g Hartweizengrieß
// 40 g Milchpulver
// 10 g Vanillezucker
// 15 g getrocknete Früchte
// etwas Honig

300 ml Wasser zum Kochen bringen. Währenddessen die Trockenfrüchte eventuell noch klein schneiden und alle Zutaten bis auf den Honig vermischen. Wenn das Wasser kocht, erst die Mischung einrühren, dann den Honig dazugeben und bis zu 3 Minuten kochen.

Porridge

// 140 g zarte Haferflocken
// 40 g Milchpulver
// 10 g getrocknete Früchte
// Salz und Zimt
// etwas Honig

Zubereitung genauso wie beim Grießbrei oben (also aus allen Zutaten bis auf den Honig eine Mischung machen), allerdings mit etwas mehr Wasser aufkochen (ca. 400 ml).

Rührei mit Gemüse und Speck

// 60 g Volleipulver (oder 3 frische Eier)
// 50 g Speck (oder einfach gewürfelten Katenschinken
   einige Stunden im Backofen, in der Sonne oder im
   Dörrapparat trocknen lassen)
// 10 g getrocknetes, gemischtes Gemüse
// Salz, Pfeffer und nach Belieben Petersilie
   oder andere getrocknete Kräuter
// etwas frische Butter

Die Zutaten bis auf die Butter mit 200 ml Wasser
(bei frischen Eiern ohne Wasser) klumpenfrei
verrühren und dann im heißen Fett in einer
Pfanne anbraten. Dazu Brot oder Knäckebrot.

Pfannkuchen

// 120 g Mehl
// 36 g Volleipulver oder 2 frische Eier
// 36 g Milchpulver
// 14 g Zucker
// eine Prise Salz
// etwas frische Butter

Die Zutaten bis auf die Butter mit 300 ml Wasser
klumpenfrei verrühren und die Pfannkuchen im
heißen Fett nacheinander backen. Dazu Zimt und
Zucker oder frisches Obst (zum Beispiel selbst
gesammelte Beeren). Schmeckt auch herzhaft
mit angebratenen Zwiebeln, Schinken oder
Speck und Käse.

Armer Ritter

// 4–6 Scheiben Brot (darf ruhig schon etwas älter sein)
// ½ Tasse Milch (alternativ Milchpulver)
// 2 EL Zucker
// Zimt
// 2 Eier (oder 30 g Volleipulver)
// etwas Butter (oder Butterpulver)

Die Eier quirlen und mit Milch und Zucker vermischen
(wenn du Eier und Milch als Pulver verwendest, musst
du natürlich entsprechend Wasser hinzufügen). Darin
die Brotscheiben gut einweichen und anschließend
in der Butter goldbraun braten. Zum Schluss mit
Zucker und Zimt bestreuen.

Couscous-Grießbrei mit Früchten und Nüssen

// 400 ml Milch (alternativ Wasser und Milchpulver)
// 200 g Couscous
// 1 Apfel
// 1 Banane
// 1 Kiwi (optional)
// 2 EL Nüsse (z.B. Cashews oder Mandeln)
// 1 EL getrocknete Cranberrys (alternativ Rosinen)
// 1 Prise Salz sowie etwas Zucker

Milch mit Salz und Zucker langsam erhitzen.
Obst bereits dazugeben und kurz weiterköcheln.
Milch vom Kocher nehmen und den Couscous
einrühren. 5–10 Minuten quellen lassen, dann
die Nüsse und Cranberrys dazugeben.

REZEPTE FÜR HAUPTMAHLZEITEN

Bannockbrot mit Speck und Sauerrahm
(oder vegan)

// 2 Tassen Mehl
// 1 Tasse Wasser
// 1 Tüte Backpulver
// Salz
// 250 g Speck
// 4 EL Sauerrahm, 2 Tomaten, 2 Radieschen

Die Zutaten bis auf den Sauerrahm, die Radieschen und die Tomaten vermengen. Die Teigmenge zu zwei Kugeln formen. Diese flach drücken und zu einer Art Fladen ausziehen. Dann in der Pfanne von beiden Seiten mindestens 5 Minuten lang anbraten, entweder mit etwas Fett oder in einer beschichteten Pfanne auch ohne. Das fertige Bannockbrot mit Sauerrahm bestreichen und mit Radieschen und Tomaten belegen. Wenn du Speck und Rahm weglässt oder den Rahm durch Sojajoghurts ersetzt, wird's vegan.

Gemüsecurry mit Coucous
Rezept für 2 Personen

// 1 Dose Kokosmilch
// Kurkuma und Koriander, Salz, Pfeffer, Chili
// Mangold (ca. 200 g)
// 1 Süßkartoffel
// 4 große Champignons
// 1 kleine Zwiebel
// 1 Schüssel Couscous
// Öl zum Anbraten

Zwiebel mit Öl scharf anbraten und sofort die in Würfel geschnittene Süßkartoffel hinzufügen. Champignons hacken und hinzugeben. Mit einer Dose Kokosmilch aufgießen. Den Mangold waschen und in Streifen schneiden und ebenfalls hinzufügen. Nach Belieben würzen. Nun die Hitze reduzieren, den Kocher auf kleinste Stufe schalten und den Deckel aufsetzen. Nach etwa fünf Minuten den Topf vom Kocher nehmen und eine halbe Tasse Wasser aufsetzen. Das Wasser zum Kochen bringen und über den Couscous gießen (der nun ziehen darf). Falls der Couscous noch nicht weich ist, aber das Wasser bereits aufgesogen hat, mit der Soße vom Curry weiter aufgießen. Das Curry wieder auf den Kocher aufsetzen und so lange kochen, bis die Süßkartoffeln gar sind. Couscous auf zwei Schüsseln verteilen und das Curry darübergießen.

Chili sin Carne

Rezept für 2 Personen

- 40 g geschroteter Grünkern
- 1 Dose Bohnen
- 1 Dose Mais
- 1 Dose stückige oder pürierte Tomaten
- 1 Zwiebel
- 1 Knoblauchzehe
- 1 Paprika
- 1 Chilischote
- Pfeffer und Kräutersalz
- Wasser
- etwas Öl

Grünkernschrot im trockenen Topf bei großer Hitze goldbraun werden lassen. Sofort die pürierten Tomaten zugeben, die Dose oder das Glas mit Wasser ausspülen und die Flüssigkeit auch noch in den Topf geben. Mit Pfeffer und Kräutersalz würzen, 20 Minuten köcheln lassen. Nach zehn Minuten Bohnen, Mais und die geschnittene Paprika beigeben. Nun in einem zweiten Topf die fein geschnittenen Zwiebeln und den Knoblauch in Öl goldbraun anbraten. Je nach Schärfeempfinden die fein geschnittene Chilischote dazugeben und alles in einen Topf zusammengeben.

Kartoffelgulasch
Rezept pro Person

// 2 Tassen in Würfel geschnittene Kartoffeln
// 2 Tassen klein geschnittene Zwiebeln
// 1 Esslöffel süßes Paprikapulver
// ½ Tasse grob geschnittene Salami
// Salz und Pfeffer
// Kümmel
// Öl oder Butter

Die Zwiebeln mit etwas Fett anrösten. Das Paprikapulver einrühren, aber nicht zu lange erhitzen, damit es nicht bitter wird. Die Kartoffeln und die Salami dazugeben und mit Wasser auffüllen, bis alles bedeckt ist. Umrühren, mit Salz und Pfeffer abschmecken, mit Kümmel würzen und garen. Das Gulasch sollte eine breiartige Konsistenz aufweisen. Ist es zu dünn, einfach ein paar Kartoffelstücke zerquetschen und noch ein paar Minuten kochen lassen.

Bolivianische Hochlandsuppe
Rezept pro Person

// ¼ Tasse Quinoa oder Reis
// ½ Tasse in Würfel geschnittene Kartoffeln
// ½ Tasse zerschnittene Karotten
// ½ Tasse klein geschnittene Zwiebeln
// ¼ Tasse Trockenfleisch
// 1 Esslöffel Milchpulver
// 1 Brühwürfel sowie Salz und Pfeffer

In dem sich erhitzenden Wasser den Brühwürfel auflösen. Siedet das Wasser, gibst du erst den Reis und dann das Trockenfleisch dazu, nach einigen Minuten die Karotten, anschließend die Kartoffeln und die Zwiebeln, zum Schluss das Milchpulver. Mit Salz und Pfeffer abschmecken.

Herzhafte Pfannkuchen mit Hüttenkäsefüllung
für 2 Personen

- 1 Tasse Dinkelmehl
- 1 Tasse Milch
- 2 Eier
- 2 EL geriebener Parmesan
- frische Kräuter
- Salz und Pfeffer
- 200 g Hüttenkäse
- Raps- oder Sonnenblumenöl zum Backen
- Gemüse nach Wahl (z.B. Oliven, Gurke, Tomate)

Mehl mit etwas Milch zu einer glatten Masse rühren, um spätere Klumpen zu vermeiden. Die restliche Milch, Eier und den Parmesan unterrühren, mit Salz und Pfeffer würzen und Kräuter untermischen. Für das Topping den Hüttenkäse würzen, Oliven, Gurke und Tomate zerkleinert einrühren. Die Pfannkuchen portionsweise ausbacken und das Topping daraufgeben.

Quinoasalat

Rezept pro Person

// ½ Tasse Quinoa
// Gemüsebrühe
// ½ Zwiebel
// 1 Tomate
// 1 Paprika
// ½ Bund Petersilie oder Koriander
// 4 EL hochwertiges Olivenöl
// 4 EL frisch gepresster Zitronensaft
// Salz und Pfeffer
// Siracha, Oliven und Feta nach Belieben

Quinoa mit der Brühe aufkochen. 15 Minuten köcheln, danach 5 Minuten quellen lassen. Die Flüssigkeit sollte komplett aufgesogen sein. Das Gemüse schneiden und roh oder kurz angeschwitzt zum Quinoa dazugeben. Kräuter hacken und darüberstreuen. Zitronensaft (oder Essig) mit Öl verrühren und als Dressing untermischen. Mit Salz und Pfeffer würzen.

Chorizo-Pasta

Rezept für 3 Personen

// 300 g Chorizo
// 375 g Farfalle
// 200 g Kirschtomaten
// 700 ml Brühe
// 3 Paprikaschoten
// 1 Chilischote (optional)
// 1 Zwiebel
// 3 Zehen Knoblauch
// 3 TL Paprikapulver (scharf oder süß)
// Olivenöl
// Salz und Pfeffer

Die Chorizo, die Chilischote und den Knoblauch
in Scheiben schneiden, die Zwiebel und die Paprika
in Würfel. In einem großen Topf etwas Olivenöl
auf mittlere Hitze bringen und die Wurst
zusammen mit Zwiebel, Knoblauch und Chili
anbraten. Dann die restlichen Zutaten dazugeben
und kochen – bis die Nudeln »al dente«
sind und die Flüssigkeit eingedickt.

MIKROABENTEUER
IN UND UM BERLIN

Berlin ist ohne Zweifel nicht nur Deutschlands größte, sondern auch die internationalste und am stärksten pulsierende Stadt. Aber für eine Metropole dieses Formats bietet das dicke B an der Spree auch unfassbare Möglichkeiten, sich in Abenteuer zu stürzen – und zwar Abenteuer, die weder im Nachtleben noch in der Startup-Szene spielen, sondern in Wäldern, auf Flüssen und Seen.

Schon das Stadtgebiet selbst hat durch seine vielen Grünanlagen und weit verzweigte Wasserwege mit Spree und Havel als Hauptadern riesiges Naturerlebnis-Potenzial, aber dann ist da ja auch noch Brandenburg, das sich wie ein einziges Naturreservat um die Millionenstadt schmiegt. Wenn Berlin in Sachen Naturerlebnis-Potenzial riesig ist, ist Brandenburg gigantisch: Tausende Seen, Moore, steppenartige Landschaften, Wildnis, Wölfe, Weite.

Der Weg aus der Berliner Innenstadt nach Brandenburg ist zwar rein streckenmäßig gesehen relativ weit – vor allem wenn du zum Beispiel über ein Mikroabenteuer nach Feierabend nachdenkst – aber dafür sind die Verbindungen mit dem Nahverkehr in den Berliner Speckgürtel und darüber hinaus auch recht gut: Mit der S-Bahn oder einem Regionalzug bist du schnell draußen, wenn du willst.

1 | TEUFELSBERG UND GRUNEWALD

Der Teufelsberg mit seiner immer weiter verfallenden ehemaligen Flugsicherungs- und Abhörstation des US-Militärs ist Kult in Berlin. Außerdem ist der aus Kriegstrümmern aufgeschüttete Teufelsberg mit 120 Metern über null nach den Arkenbergen die zweithöchste Erhebung im Stadtgebiet – und bietet oft eine großartige Aussicht auf die westlichen Bezirke. Vor allem ist der Teufelsberg einfach zu erreichen. Zu Fuß sind es vom Brandenburger Tor durch den Tiergarten und immer schnurstracks Richtung Westend nur gut zehn Kilometer bis auf den »Gipfel«. Hinter dem Teufelsberg liegt dann die wahre grüne Lunge West-Berlins: der Grunewald. Die *Sandgrube im Jagen 86*, einer meiner Lieblingsplätze dort, ist Luftlinie nur einen Kilometer weg vom Plateau des Teufelsbergs. Wenn die Sonne scheint, bist du auf der Düne mitten im Wald zwar nicht allein, aber 1. tut sie das ja nicht immer, und 2. gehen die meisten auch hier spätestens dann nach Hause, wenn die Sonne abends abhaut.

Obwohl die Sandgrube Naturschutzgebiet ist, darfst du hier übrigens ganz offiziell auch die Wege verlassen. Nur gesperrte Flächen dürfen nicht betreten werden. Das Zelten und auch das Campen sind allerdings im ganzen Grunewald verboten. Der Begriff des Campens ist durchaus interessant, weil in den Naturschutzverordnungen anderer Länder an dieser Stelle eher von Lagern gesprochen wird. Aber meint Campen überhaupt das Gleiche wie Lagern oder Biwakieren? Oder sind hier eher »Camper« angesprochen, die mit Klappstühlen und Kühlboxen aufziehen? Wie auch immer du diesen Begriff interpretierst – unter Berücksichtigung des Naturwohls ein paar Stunden auszuruhen ist an vielen Ecken denkbar. Um die Tour rund zu machen, durchstreifst du den Wald südwärts bis zum Strandbad Wannsee. Von dort aus geht es mit der S-Bahn zurück.

2 | KREISVERKEHR

Der Liepnitzsee bei Wandlitz – einer aus 66 Seen. Brandenburgs großer Rundweg bietet etliche Mikroabenteuer-Möglichkeiten.

Während es in vielen anderen Großstädten Deutschlands so etwas wie einen grünen Gürtel oder grünen Ring gibt, ist dieser in Berlin einfach ausgelagert, und zwar nach – natürlich – Brandenburg. Und da Berlin ja ohnehin schon größer ist als alle anderen Städte der Republik, hat auch der 66-Seen-Wanderweg, der in gebührendem Abstand rund um die Stadt führt, eine beeindruckende Länge: knapp 400 Kilometer. Am Stück gewandert ist das natürlich kein Mikroabenteuer mehr, aber dieser Wanderweg lässt sich wunderbar und ganz individuell in mehrere Etappen aufteilen, die du zum Beispiel auf ein Kalenderjahr verteilen kannst. Du wirst immer Start- und Zielpunkte finden, die du gut mit der Bahn erreichen kannst. Der 66-Seen-Wanderweg gilt als einer der attraktivsten Wanderwege in Deutschland überhaupt. Er vermittelt einen tollen Querschnitt der Landschaftsformen rund um Berlin: Klar, die Seen stecken schon im Namen des Weges, aber die ausgedehnten Laubwälder im Norden, die Nadelwälder im Süden, die Schlösser und Parks im Westen und die wilden Auwälder im Osten – immer wieder durchsetzt mit Bächen, Flüssen, Tümpeln und Teichen sowie verschlafenen Dörfern – sind Botschafter der enormen Vielfalt in dieser Region.

Eine besonders hohe Dichte an intensiven Eindrücken haben die Abschnitte rund um Wensickendorf (das du via Karow bequem mit S-Bahn und Regionalbahn erreichst). Von Birkenwerder nach Wensickendorf führt der Weg durch das idyllische Briesetal, zwischen Wensickendorf und Melchow geht es dann auf relativ kurzer Distanz an 8 Seen entlang. Das Briesetal eignet sich grundsätzlich auch für die Nachtruhe – aber nicht erschrecken: Hier leben Biber. Auch an Liepnitzsee und Hellsee gibt es gute Möglichkeiten, für ein paar Stunden bzw. eine Nacht zu lagern. Wer das Zelt vorzieht, kann es legal wunderbar auf einem der einfachen Campingplätze entlang der Route aufstellen.

Geheimtipp rund um Wensickendorf ist auch in Sachen Camping der Liepnitzsee: von April bis Oktober kannst du mit einer Mini-Fähre zur Liepnitzinsel übersetzen, auf der die *Interessengemeinschaft Campingfreunde Liepnitzsee e.V.* einen naturnahen Zeltplatz betreibt. Dort ist »Schnupperzelten« möglich (unbedingt vorher telefonisch unter 01520/5483230 oder per E-Mail an *schnupper-zelten@icl-ev.de* anmelden). Mehr Infos zum 66-Seen-Wanderweg unter *www.seenweg.de*

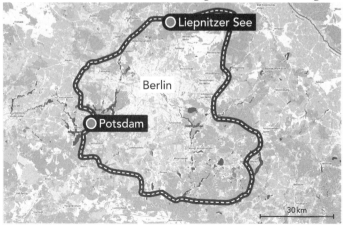

3 | STERNE IM WESTHAVELLAND

Der *Naturpark Westhavelland* ist das größte Schutzgebiet Brandenburgs und wurde aufgrund der geringen Lichtverschmutzung 2014 zum ersten »Sternenpark« Deutschlands ausgerufen. In der Tat ist es hier nachts besonders dunkel, und der Nachthimmel leuchtet je nach Wetterlage zum Niederknien schön. Diese Tatsache wird mittlerweile natürlich auch touristisch ausgepresst (es gibt etliche ausgewiesene Beobachtungsplätze, die bequem mit dem Auto zu erreichen sind), aber das Gebiet ist so groß, dass es auch ein Leichtes ist, einen einsamen Draußen-Schlafplatz zu finden.

Einige der besten Spots befinden sich allerdings in den Naturschutzgebieten *Gülper See* und *Untere Havel Nord*, wo selbst das Lagern offiziell verboten ist. Solange du die Wege nicht verlässt und dich vernünftig verhältst, wirst du aber sicher nicht in Ketten abgeführt werden, nur weil du dich zum Sternegucken hinlegst. Trotzdem: Weil hier nachts eben mehr Leute draußen unterwegs sind als anderswo, sind zum Beispiel Jäger relativ dünnhäutig, was die freie Interpretation von Vorschriften betrifft. Auf der offiziellen Website des Sternenparks Westhavelland wird explizit darauf hingewiesen, dass das Übernachten an Beobachtungsplätzen im Naturschutzgebiet verboten sei und auch nur an ausgewiesenen Plätzen in den Himmel geguckt werden dürfe. Letzteres hat natürlich keinerlei rechtliche Grundlage. Insofern: Respektvoll verhalten, aber nicht unterbuttern lassen!

Eine smarte Alternative ist der Biwakplatz in Gülpe, auf dem du für eine Nacht entweder im Schlafsack oder in einem kleinen Zelt übernachten darfst. Der Platz liegt direkt an der Havel, Autos sind verboten, und es gibt eine Toilette. Weitere Biwakplätze in der Region sind in einer interaktiven Karte auf *www.westhavelland-naturpark.de* verzeichnet.

Zu erreichen ist der *Naturpark Westhavelland* mit der Regionalbahn über Rathenow. Dort steigst du dann –, je nachdem, wohin genau du willst – entweder noch einmal in einen

Bus um oder marschierst direkt zu Fuß los. Infos zu den Beobachtungs- und auch den offiziellen Biwakplätzen findest du unter *www.sternenpark-westhavelland.de*

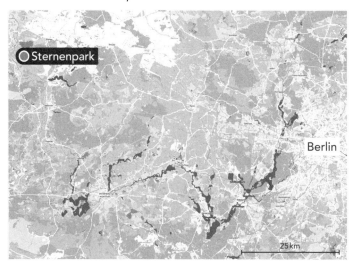

4 | FLOSSBAUEN AUF DER SPREE

Ein Abenteuer, wie es im Buche steht: erst ein Floß bauen und dann damit einen Fluss hinunterschippern. Dieses Mikroabenteuer führt dich zunächst mit der Regionalbahn nach Lübben in den Unteren Spreewald (vom Berliner Hauptbahnhof aus sind das 58 Minuten ohne Umsteigen). Was du hier schon dabeihaben solltest, sind zwei alte (aber noch intakte!) Auto- oder besser noch Traktorreifenschläuche pro Person – die du zum Beispiel über Reifenhändler, Werkstätten, Bauernhöfe oder aber auch über Kleinanzeigen-Inserate bekommen kannst. Außerdem brauchst du einen kleinen Akkuschrauber mit einem dicken Holzbohrer.

In Lübben geht es jetzt erst einmal in den *toom*-Baumarkt in der Postbautenstraße. Da besorgst du dir ein Brett, das groß genug ist, dass du deine zwei Schläuche in aufgepumptem Zustand hintereinander darunter befestigen kannst. Wie genau deine Floßkonstruktion aussehen sollte, hängt davon ab, wie schwer du bist, wie viel Gepäck du dabeihast und wie perfekt dein Gefährt werden soll. Die Grundidee ist jedenfalls simpel: Lege die aufgepumpten Schläuche auf ein großes Brett, übertrage die Umrisse der Schläuche mit einem Stift auf das Brett und bohre für jeden Schlauch auf den Umrisslinien jeweils zwei gegenüberliegende Löcher auf 12, 3, 6 und 9 Uhr. Wenn du willst, kannst du die Ecken des Bretts auch noch so absägen, dass sich die Form des Bretts vorne und hinten an die Rundungen der Schläuche anpasst. Jetzt legst du die Schläuche wieder auf das Brett und ziehst ein Seil so durch die Löcher, dass es die Schläuche am Brett fixiert. Fertig ist dein Mini-Floß! Fehlt nur noch ein Paddel, das du dir zusammenschustern musst.

Die größte Herausforderung bei diesem Mikroabenteuer ist die Logistik: Wie bekommst du ein einsatzbereites Floß in die Spree oder das ganze Material ans Wasser – ohne Auto? Irgendwie muss in die Schläuche ja auch noch Luft! Auf dem Weg vom *toom*-Baumarkt zum Umflutkanal der Havel liegt in der Frankfurter Straße eine *Aral*-Tankstelle. Dort kannst du die Schläuche aufpumpen. Von dort ist das Wasser auch nur noch einen Steinwurf entfernt. Am Ufer des Umflutkanals hast du dann die Möglichkeit, die finalen Arbeitsschritte durchzuführen, ehe es aufs Wasser geht.

Eine solche Idee bietet zig Versuchungen, sie zu verwerfen, weil sie zu kompliziert erscheint – und genauso oft die Chance, eine Lösung zu finden. Deshalb findest du hier auch ganz bewusst keine allzu konkreten Empfehlungen.

Wenn dein Floß schwimmt, dann solltest du damit auf dem Umflutkanal Richtung Norden erst einmal ganz entspannt die ersten Navigationsversuche machen. Aber Vorsicht: Das Wasser ist hier zum Teil nicht sehr tief. Für den Start ist das grundsätzlich gar nicht so schlecht, du musst nur gut aufpassen, dass du dir die Schläuche nicht an Steinen oder Ästen aufreißt (zur Sicherheit solltest du eine Notpumpe und Flickzeug dabeihaben). Wenn du den Umflutkanal gemeistert hast, kommst du nördlich von Lübben auf die Hauptspree, die sich auf dem Abschnitt von hier bis nach Schlepzig traumhaft durchs Grün schlängelt. An den Bibersdorfer Wiesen musst du dein Floß an einem Wehr einmal umtragen (wozu du vermutlich Hilfe benötigen wirst). Von Schlepzig aus kannst du mit dem Bus wieder zurück nach Lübben fahren. Das Floß wirst du höchstwahrscheinlich verschenken – es sei denn, du baust es wieder auseinander.

Selbstverständlich ist diese Tour auch mit einem Faltboot, einem aufblasbaren Stand-up-Paddle-Board oder einem Packraft möglich (**mehr Infos zu diesen Varianten im Kapitel »Mikroabenteuer auf dem Wasser« auf Seite 98**), aber dann kannst du auch längere Streckenabschnitte planen. Beim Floß-Mikroabenteuer solltest du nicht in Zeitdruck kommen und keine Rekorde auf dem Wasser erwarten. Noch einmal: Was hier zählt, ist das Tüfteln und Machen. Viel Erfolg!

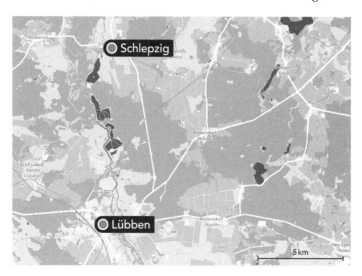

5 | ELBSANDSTEINGEBIRGE TO GO

Das Elbsandsteingebirge ist ohne Zweifel eine der faszinierendsten Landschaften Deutschlands. Die märchenhaften Felsformationen, die von Nebel und Licht so oft in mystische Stimmungen getaucht werden, musst du gesehen haben – vor allem wenn du in einer Stadt lebst, von der aus es eigentlich gar nicht so weit ist bis in den Nationalpark der Superlative: Vom Berliner Hauptbahnhof kannst du mit dem Eurocity ohne Umsteigen innerhalb von 2,5 Stunden nach Bad Schandau fahren, der Pforte zum Elbsandstein-Glück.

Wenn du zum Beispiel zwei Tage lang richtig Meter machen, dabei viel sehen und auch noch ein bisschen Nervenkitzel haben willst, empfehle ich dir folgende Tour: vom Bahnhof Bad Schandau zu Fuß über den Liliensteinfelsen zur Basteibrücke (die ist zwar Touristenmagnet, aber vorbeischauen solltest du!), durch die Schwedenlöcher, runter zum Amselgrund und unterhalb des Feldkopfes zum Carolastein an der Polenz, von dort aus bis zur Kirnitzsch durchschlagen, dann hinauf Richtung Hohe Liebe und etwas unterhalb dieses Berges in der Boofe an Günthers Börnel übernachten (Boofen sind legale Ausnahme-Biwakstellen für Kletterer mit strengen Regeln, **siehe dazu Seite 59**).

Am nächsten Morgen startest du so früh wie möglich Richtung Wilde Zinne zur Häntzschelstiege, einem der wenigen Klettersteige im Elbsandsteingebirge, die tatsächlich eine Herausforderung darstellen (die meisten 08/15-Touristen trauen sich hier – zu Recht – nicht heran). Ein Klettersteig-Set mit Klettergurt und Seil macht durchaus Sinn, geübte Kletterer sowie schwindelfreie und trittfeste Wanderer können aber auch ohne gehen. Oben angekommen, geht es auf der oberen Affensteinpromenade zu den Affenfelsen und mit einem kurzen Abstecher zum Carolafelsen wieder runter nach Bad Schandau. Zum Bahnhof rüber kannst du ganz entspannt die Elbfähre nehmen, die hier seit Jahrzehnten von einem Ufer zum anderen tuckert.

Diese Tour ist insgesamt gut 40 Kilometer lang, mit rund 30 Kilometern am ersten und 10 Kilometern am zweiten Tag. Du kannst sie natürlich individuell umgestalten. Überhaupt solltest du dich vor einem Mikroabenteuer im Elbsandsteingebirge vorab mit der Strecke auseinandersetzen, deine Route zumindest grob planen (besonders die Übernachtungen!) und die Gesetzeslage checken. Im gesamten *Nationalpark Sächsische Schweiz*, vor allem aber in dessen Kernzone, wird aufgrund der hohen Besucherzahl und der einzigartigen Landschaft extrem auf die Einhaltung der Regeln geachtet. In der Kernzone zum Beispiel gibt es viele einladende Wege, die du nicht betreten darfst – hier ist das Wandern nur auf explizit markierten Wegen erlaubt.

Für das Elbsandsteingebirge lohnt sich definitiv auch ein guter Wanderführer (zum Beispiel aus der *Hikeline*-Serie vom *Esterbauer Verlag*). Lokale Berühmtheit, allerdings nicht nur positive, hat Axel Mothes mit seinem kleinen *Stiegenbuchverlag* erreicht: Seit Jahren propagiert er unbeirrt und den offiziellen Verboten zum Trotz das Wandern auf ALLEN Pfaden der Region. Interessant sind seine Beschreibungen allemal: *www.stiegenbuchverlag.de*. Auch der weniger rebellische Stiegenführer von Peter Rölke (*Berg- und Naturverlag Rölke*) enthält viele Tipps für Touren abseits der Touristenmassen.

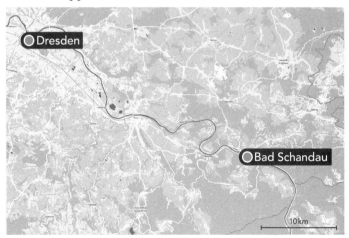

NOCH MEHR IDEEN FÜR BERLIN

// Mit dem Rad nach Afrika: Die Siedlung Afrika in der Uckermark hat nur drei Handvoll Einwohner, aber ein eigenes Ortsschild – das wegen des besonderen Namens oft gestohlen wird. Vom Brandenburger Tor sind es mit dem Rad rund 90 Kilometer auf einer zum Teil wunderschönen Strecke durch das *Biosphärenreservat Schorfheide-Chorin*. Wenn du ein halbwegs geländetaugliches Fahrrad hast (oder Lust auf eine besondere Herausforderung), gib bei der Routenplanung via *outdooractive* oder *komoot* am besten »Mountainbike« an, dann bist du am naturnahsten unterwegs.

// Fliegenfischen: Wenn du gerne angelst, hast du vielleicht schon davon gehört, dass es in Berlin eine ziemlich aktive Fliegenfischer-Szene gibt. Kein Wunder bei den vielen und vor allem vielfältigen Gewässern in und um die Stadt! In diesem Buch findest du aus Prinzip keine geführten Touren, aber diese beiden Websites will ich dir nicht vorenthalten: *www.flyrus.de* und *www.flyfishingguide-berlin.de*

// Von der Panke-Quelle an die Spree: Mitten in Bernau, das du bequem per S-Bahn erreichen kannst, liegt die Quelle der Panke. An ihrem Ufer entlang führt ein insgesamt 27 Kilometer langer Wander- und Radweg bis zur Mündung des kleinen Flusses in die Spree am Berliner Nordhafen. Ein perfektes Mikroabenteuer zu Fuß.

// Mit dem Rad ans Meer: Happig, aber machbar. Nach Usedom sind es zum Beispiel gut 200 Kilometer. Warum nicht über Nacht hinstrampeln, die Sonne über der Ostsee aufgehen sehen, ein bisschen am Strand dösen und dann mit der Bahn zurückfahren? Warnemünde geht natürlich auch, aber dorthin sind es schon gut 250 Kilometer, und du solltest möglicherweise eine Übernachtung auf dem Weg einplanen. Eine Tour, von der du noch lange erzählen wirst.

// Auf der Via Imperii nach Wittenberg: Die *Via Imperii* ist eine alte römische Handelsroute und »Zubringer« des Jakobswegs nach Santiago de Compostela. Von Berlin aus führt sie über Teltow, den Seddiner See, Belitz, Treuenbrietzen und Kropstädt in die Lutherstadt Wittenberg. Dieser Streckenabschnitt ist rund 130 Kilometer lang, also eine lange Tagestour mit dem Rad oder eine stramme 2-3-Tage-Wanderung. Von Wittenberg geht es mit der Regionalbahn in 80 Minuten zurück zum Berliner Hauptbahnhof. *www.jakobswege-europa.de*

// Im Urstromtal mitten durch die Stadt: Vom Falkenhagener Feld im Westen Berlins bis zum Hessenwinkel am Dämeritzsee hinter den Müggelspreewiesen kannst du auf dem sogenannten Spreeweg immer entlang der blauen Ader der Stadt wandern. Auf insgesamt 64 Kilometern gibt es Abwechslung ohne Ende: stille Wälder, große Industrieflächen, Kleingärten, die mittelalterlichen Stadtkerne von Spandau und Köpenick, mittendrin die pulsierende Hauptstadt und das Regierungsviertel. Das Draußen-Übernachten erfordert einen ordentlichen Schuss Mut, denn genau auf halber Strecke bist du mitten in der City. Bessere Möglichkeiten gibt es dann wieder im Plänterwald und in der Wuhlheide. Übrigens: Dieser Weg ist einer von 20 »Grünen Hauptwegen«, für die die Stadt Berlin umfangreiches Karten- und Infomaterial bereitstellt. Weitere warme Empfehlung aus diesem Pool: der Tiergartenring mit einer Länge von 24 Kilometern.

www.berlin.de/senuvk/umwelt/berlin_move/de/hauptwege

WEITERE INFOS FÜR BERLIN

// SUPs mieten: Auch Stand-up-Paddling-Stationen gibt es in Berlin mehr als anderswo. Logisch – das viele Wasser ... Die Mietpreise sind fast überall gleich: 12–15 Euro für ein Allround-Board pro Stunde, ungefähr 50 Euro für einen Tag (der in der Welt der Verleiher in der Regel nur acht Stunden hat). Alles darüber hinaus ist verhandelbar. Hier kannst du SUPs mieten: bei *whatSUPberlin*, beim *Wassersportcenter Berlin* und bei *Stand Up Wannsee*, die alle am Wannsee verleihen, bei *Stand Up Paddling Berlin* am Schlachtensee, bei *SUP Trip* in Potsdam und beim *StandUpClub Berlin* an der Spree zwischen Oberbaumbrücke und S-Bahn Treptower Park.

// Kajaks mieten: *Der Kanutourist* hört sich extrem kommerziell an, bietet aber Faltkajaks zu einem fairen Mietpreis: Für 25 Euro am Tag kannst du ein 2er-Kajak leihen – entweder zusammengelegt für den Transport oder bereits aufgebaut (die Stationen und Reisebüros des Anbieters findest du unter *www.derkanutourist.de*). Ebenfalls vernünftige, sportlich fahrbare Kajaks vermieten der *Kanu Kajak Verleih Havelschenke bei Toni's Marina* in Pichelswerder an der Havel und der *Bootsladen* in Spandau zwischen Stössensee und Havel (Tagespreise bei 20–30 Euro). Darüber hinaus gibt es noch etliche Kajak- und Kanuverleihstationen, die nebenher auch Tretboote anbieten und eher auf Touristen, Kegelklubtouren und Junggesellenabschiede ausgerichtet sind.

// Flöße mieten: Flöße, auf denen auch das Übernachten möglich ist, bekommst du in Berlin und Brandenburg gefühlt an jeder Biegung des Flusses – an jedem See sowieso. Deshalb will ich hier nur einen ganz persönlichen Geheimtipp loswerden: *Natur-Floß* ist der Verleih von Kristin und Martin, die in Fürstenberg an der Siggelhavel auch den Naturcampingplatz *Wilde Heimat* betreiben. Die rund 70 Kilometer von Berlin hier raus lohnen sich immer. *www.natur-floss.de*

Nach Hause paddeln. Berlin und Umland sind prädestiniert für Mikroabenteuer aller Art – ganz besonders auf dem Wasser.

// Naturschutzverordnungen: Die Naturschutzgebiete Berlins sind in einer interaktiven Karte auf der Website des *Senats für Umwelt, Verkehr und Klimaschutz* verzeichnet (*www.berlin.de/senuvk*). Einfach im Menü wie folgt durchklicken: Natur und Grün, Naturschutz, Schutzgebiete, Naturschutzgebiete, Karte. Durch einen Klick auf das jeweilige Naturschutzgebiet kommst du auf eine Seite mit Details, auf der unter anderem auch die Naturschutzverordnung verlinkt ist. Die Verordnungen der Naturschutzgebiete in Brandenburg kannst du über die Suchmaske auf dieser Seite recherchieren: *http://bravors.brandenburg.de/de/vorschriften_schnellsuche*

// Revierförstereien: Die Zuständigkeiten in den Berliner Wäldern sind auf insgesamt vier Forstämter verteilt, unter denen wiederum die einzelnen Revierförstereien stehen. Im Anhang dieses Buches auf Seite 258 findest du eine Liste mit allen Revierförstereien Berlins sowie die entsprechenden Kontaktmöglichkeiten, um zum Beispiel bei Unsicherheiten bezüglich Naturschutzverordnungen oder Jagdzeiten einfach direkt vor Ort nachfragen zu können.

// Outdoor-Shops: In Berlin gibt es eine außergewöhnlich große Auswahl an reinen Outdoor-Fachgeschäften. Das größte ist *Globetrotter Ausrüstung* in der Schlossstraße am Rathaus Steglitz. *McTrek Outdoor Sports* hat Filialen in den Wilmersdorfer Arcaden und in der Karl-Marx-Allee. Kleine, aber feine Outdoorshops mit mehreren Marken im Sortiment sind außerdem *Camp4* in der Karl-Marx-Allee, *Mont K* in der Kastanienallee, *360 Grad Outdoor* in der Oranienstraße und *Der Aussteiger* mit Filialen in der Danziger Straße und der Warschauer Straße. *The North Face, Mammut, Jack Wolfskin, Odlo* und *Schöffel-Lowa* betreiben außerdem eigene Markenstores in der Stadt, zum Teil sogar mehrere. Daneben gibt es natürlich noch die Sportriesen *SportScheck, Karstadt Sports, Decathlon* und die *Intersport*-Filialen, die eigene (mehr und weniger gut sortierte) Outdoor-Abteilungen haben. In Wustermark an der A10 liegt das Outlet von *The North Face*.

Auffällig sind die vielen Army-Shops in Berlin. Die haben zum Teil gute Ausrüstung zu einem noch besseren Preis. Folgende Adressen kannst du in diesem Zusammenhang checken: den Militärshop *S.O.S. Spandauer Outdoor & Security* in der Pichelsdorfer Straße, das *Army Depot* in der Wilmersdorfer Straße, den *Trendy Army Store* in der Skalitzer Straße in Kreuzberg, den *Armyshop Berlin* in der Samariterstraße in Friedrichshain und *PraetoTec*, ein Outdoor-Fachgeschäft für Polizei, Militär und Sicherheit in der Uhlandstraße.

Was in Berlin natürlich nicht fehlen darf, ist ein Hipster-Outdoor-Atelier: Den *Wildhood Store* mit sorgfältig kuratierten Büchern, Klamotten und Ausrüstung findest du in der Weichselstraße in Neukölln. Am besten vorher kurz auf *www.wildhoodstore.de* prüfen, ob überhaupt jemand da ist. Die beiden Macherinnen fliegen schon mal spontan aus.

MIKROABENTEUER IN UND UM HAMBURG

n Hamburg bin ich zu Hause. Ich sage sogar, ich komme von hier. Aber genau genommen stimmt das nicht. Ich bin in einem 500-Einwohner-Kaff aufgewachsen, in dem es weder einen Laden noch eine Ampel oder einen Anschluss an den öffentlichen Nahverkehr gab (und bis heute nicht gibt). Gut, es sind von dort bei günstiger Verkehrslage nur 30 Minuten über die Autobahn bis an die Binnenalster, aber unterm Strich kannte ich, bevor ich vor zehn Jahren nach einer längeren Odyssee durch die Republik wieder nach Hamburg zog, nicht viel mehr als die Fußgängerzone in der City und die Landungsbrücken.

Hamburg ist der Hammer. Als einzige deutsche Stadt landete die Nordmetropole 2017 bei einem Ranking des britischen Nachrichtenmagazin *The Economist* unter den »Top 10 der lebenswertesten Städte der Welt«. Hier gibt es nicht nur die meisten Brücken Europas, sondern ein Teil der Stadt liegt auch auf der größten Flussinsel des Kontinents. Auf dieser Insel befindet sich Europas einziger Tide-Auen-Wald, ein Teil des *Naturschutzgebiets Heukenlock*, der zweimal täglich überflutet wird. Und natürlich ist es von Hamburg aus nicht weit an die Nordsee, die Ostsee und in die Lüneburger Heide. Die Elbe, die mitten durch die Stadt fließt, hat nicht nur den berühmten Hafen, sondern auch überraschend schöne Sandstrände und wilde Ufer zu bieten. Berge gibt es in Hamburg zwar nicht wirklich (von meiner »Expedition« auf den höchsten der Stadt habe ich ja berichtet, **siehe Seite 118**), dafür viel Weite und eine frische Brise.

Auf den folgenden Seiten findest du fünf
Mikroabenteuer-Vorschläge ab Hamburg,
plus weitere Ideen und nützliche Infos. Ahoi!

1 | NACHTS IM TOTENGRUND

»Ein Tal von überirdischer Schönheit«, heißt es auf der Website des *Tourismusvereins Lüneburger Heide*. Tatsächlich ist der Totengrund, dessen Name mystisch klingt, aber vermutlich recht nüchternen Ursprungs ist (genau belegt ist die Herkunft nicht), unbedingt ein Abenteuer wert. Am eindrucksvollsten ist es hier, wie in der gesamten Lüneburger Heide, im August und September, wenn die Heide lila blüht. Dann ist es allerdings auch voll. Ich bin deshalb das ganze Jahr über gerne im Totengrund.

Der Totengrund liegt in der Nähe des Ortes Wilsede und nur gut zwei Kilometer Luftlinie entfernt vom Wilseder Berg, der höchsten Erhebung der nord-westdeutschen Tiefebene – übrigens auch ein schöner Ort für eine Nacht unter Sternen. Beide Spots, Totengrund und Wilseder Berg liegen auf dem Heidschnuckenweg, der von Hamburg nach Celle führt und der einzige »Qualitätswanderweg des Deutschen Wanderverbands« in Norddeutschland ist.

Das Mikroabenteuer im Totengrund machst du am besten mit dem Fahrrad. Wenn du an den Hamburger Landungsbrücken startest, kannst du direkt durch den alten Elbtunnel rollen und dann »über die Dörfer« (u. a. Wilhelmsburg, Helmstorf, Wesel) nach Wilsede fahren, wo du praktisch schon da bist. Insgesamt sind es je nach genauer Route 50 bis 60 Kilometer von den Landungsbrücken bis zum Totengrund.

Der Totengrund liegt im *Naturschutzgebiet Lüneburger Heide*, in dem das Zelten verboten ist, das Lagern aber nicht. Allerdings dürfen die Wege nicht verlassen werden. Die Naturschutzverordnung für das Gebiet ergänzt dazu: »Waldschneisen, Rückelinien, Wildwechsel oder Trampelpfade sind keine Wege.« Sprich: Wenn du dich hier über Nacht ein wenig ausruhen möchtest, musst du dies am Wegesrand tun. Und jetzt noch was fürs Kopfkino: Die Lüneburger Heide ist eines der wolfsreichsten Gebiete Deutschlands. Die Chancen, nachts von einem besucht zu werden, sind trotzdem sehr gering (siehe dazu auch »Gefahr in der Nacht« auf Seite 66). Wenn dir das zu viel Nervenkitzel ist, kannst du natürlich auch am späten Abend nach Sonnenuntergang wieder mit dem Rad zurück nach Hamburg fahren – oder du fährst um Mitternacht an den Landungsbrücken los, um dann die Sonne im Totengrund aufgehen zu sehen. Der alte Elbtunnel ist rund um die Uhr geöffnet. Wie immer: Du entscheidest!

2 | AUF DIE ELBINSEL PAGENSAND

Die Elbinsel Pagensand liegt etwa 23 Kilometer flussabwärts vom Hamburger Stadtteil Blankenese. Pagensand selbst ist etwa sechs Kilometer lang, einen Kilometer breit und unbewohnt. Die komplette Insel ist Naturschutzgebiet. Jeden Sommer wird eine Rinderherde mit Booten vom Festland hinübergebracht. Zelten sowie Lagern ist hier streng verboten. Der *Kanuverband Schleswig-Holstein* hat aber eine Dauerausnahmegenehmigung erreicht, die derzeit bis zum 31. Dezember 2020 befristet ist und »nicht motorisierten Wasserwanderern« an zwei ausgewiesenen Anlandestellen eine Übernachtung in einem kleinen Zelt (und somit auch ohne!) erlaubt. Die Ausnahmegenehmigung ist an einige Verhaltensbedingungen geknüpft, die für jeden Mikroabenteurer selbstverständlich sein sollten: unter anderem Müll mitnehmen, keinen Lärm und kein Feuer machen, Pflanzen und Tiere respektieren. Die Details sind auf folgender Seite sehr gut zusammengefasst: *www.itzehoer-wasser-wanderer.de/pagen*

Das Mikroabenteuer Pagensand beginnt entweder im *Freeridershop* am Dammtor, wo du dir für einen guten Preis ein aufblasbares Stand-up-Paddle-Board ausleihen kannst, oder am *SUP Club Stade*, den du vom Hamburger Hauptbahnhof innerhalb einer Stunde mit der Regionalbahn erreichst. Wenn du dein eigenes Board oder Kajak hast, empfehle ich dir den Start von Blankenese oder dem Rissener Ufer – von hier aus musst du die Elbe nicht queren.

Variante *Freeridershop* am Dammtor: Hast du dein Board unterm Arm, geht es mit der S-Bahn nach Blankenese. Zum Strand kommst du vom Blankeneser S-Bahnhof entweder zu Fuß oder mit einem kleinen Elektrobus, der von den Anwohnern auch »Bergziege« genannt wird, weil er sich durch die steilen Straßen des Treppenviertels arbeitet. Board aufpumpen, Gepäck festzurren und los geht's elbabwärts.

Variante *SUP Club Stade*: Board leihen (hier muss es noch nicht einmal ein aufblasbares sein) und ab auf die Schwinge, die nach knapp fünf Kilometern in die Elbe mündet. Vorteil dieser Variante ist, dass es von der Schwinge-Mündung nur noch knappe vier Kilometer bis nach Pagensand sind. Nachteil: Du musst die Elbe queren – und das ist aufgrund der heftigen Strömungen und dem regen Schiffsverkehr mit zum Teil extrem großen Containerpötten eine Herausforderung, die du nicht unterschätzen solltest.

Was du unbedingt beachten solltest, egal, mit welchem Gefährt du von wo startest: Fahre nur bei ablaufendem Wasser die Elbe runter. Der Tidenhub ist hier so stark, dass du dich bei auflaufendem Wasser trotz Flussströmung im Rücken ziemlich abmühen musst, um voranzukommen. Mit

Fluss- UND Gezeitenströmung auf deiner Seite fliegst du dagegen fast nach Pagensand (vorausgesetzt, der Wind bläst nicht gerade – wie so oft – aus Westen).

Wenn du Pagensand erreichst und das elbzugewandte Ufer der Insel abfährst, wirst du die Hinweisschilder erkennen, die die Anlandestellen markieren. Mach es dir bequem, baue dein Lager auf und habe einen entspannten Abend sowie eine ruhige Nacht. Am nächsten Tag geht es retour.

Jetzt ist es noch wichtiger, mit der Gezeitenströmung, also bei auflaufendem Wasser zu fahren, sonst hast du flussaufwärts keine Chance. Alternativ kannst du auch bei ablaufendem Wasser weiter flussabwärts bis Glückstadt paddeln und von dort mit der Regionalbahn zurück nach Hamburg fahren. Willst du zurück nach Stade, kannst du flussabwärts bis Wischhafen fahren, von dort aus mit dem Bus weiter.

Noch einmal: Diese Tour ist grandios, aber kein Kindergeburtstag. Die Bedingungen auf der Elbe sind nicht zu unterschätzen und nicht mit denen auf der Außenalster und den Hamburger Kanälen zu vergleichen. Ohne Elbquerung ist Pagensand bei ablaufendem Wasser aber gut und auch sicher zu erreichen, da du die meiste Zeit in Ufernähe fahren kannst. Am besten suchst du dir eine Linie knapp außerhalb der mit Bojen markierten Fahrrinne.

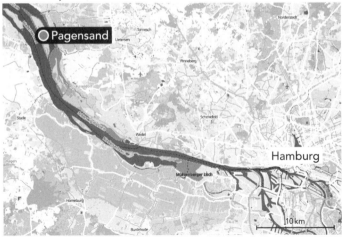

3 | RUND UM FEHMARN

Die Ostseeinsel Fehmarn ist die drittgrößte Insel Deutschlands – und wahnsinnig schön. Vor allem ihre urigen Strände und die Steilküsten machen sie zu einem tollen Mikroabenteuerziel. Vom Hamburger Hauptbahnhof steigst du in den Eurocity nach Kopenhagen, der nach etwa 90 Minuten in Puttgarden an der Nordküste Fehmarns hält (um von dort mit der Fähre nach Dänemark überzusetzen). Du steigst aus und hast jetzt die Wahl: Links herum? Oder doch lieber rechts? Einmal rund um die Insel sind es ungefähr 70 Kilometer. Wenn du zügig gehst, kannst du das an zwei Tagen schaffen. Bei einer Durchschnittsgeschwindigkeit von 5 km/h sind das sieben Stunden Netto-Wanderzeit pro Tag. Du kannst die Insel auch mit dem Fahrrad umrunden (im Eurocity ist die Mitnahme erlaubt), hast dann aber nicht immer die Möglichkeit, direkt an der Wasserkante unterwegs zu sein.

Auf Fehmarn gibt es vier Naturschutzgebiete plus das Meeresschutzgebiet *Fehmarnbelt*. Die Verordnungen aller Naturschutzgebiete verbieten das Zelten und das »Lagern von Gegenständen« – sich in den Schlafsack zu kuscheln und ein paar Stunden die Sterne zu beobachten allerdings nicht. Trotzdem weisen einige Schilder vor Ort deutlich darauf hin, dass auch ein Lagern verboten sei. Wichtig: Feuer machen ist in den Schutzgebieten ebenfalls nicht gestattet, dazu zählt auch das Betreiben eines Kochers. Also am besten die Beschilderungen vor Ort intensiv studieren und im Zweifel eine andere Stelle suchen. Von denen gibt es nämlich viele. Besonders spektakulär sind die Steilküsten Staberhuk, Katharinenhof, Gahlendorf, Klausdorf und Presen.

Wo genau du die Nacht verbringen wirst, hängt am Ende davon ab, wie gut du am ersten Tag vorangekommen bist und wie du dir die 70 Kilometer überhaupt aufteilen willst. Mein Tipp für diese Tour: Am ersten Tag lieber etwas mehr als die Hälfte der Strecke machen. Falls es dich beruhigt: Es gibt auf Fehmarn keine Wildschweine.

Hast du es einmal rund um die Insel geschafft, müsstest du – wenn nicht irgendetwas vollkommen schiefgelaufen ist – wieder in Puttgarden ankommen. Von dort fährst du dann mit dem Eurocity zurück nach Hamburg.

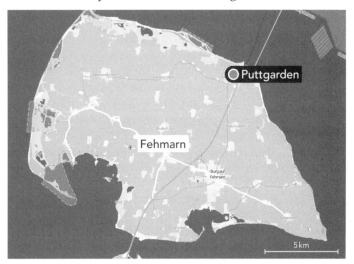

4 | SCHWARZE AU UND KAMMERBEK

Der Sachsenwald ist der Rest eines riesigen Urwaldes, der einst von der Ostsee bis nach Niedersachsen reichte. Von Aumühle – Endstation der Hamburger S-Bahnlinie 21 – führen mehrere offizielle Wanderwege durch den Wald (unter *www.sachsenwald.de* sind sie aufgelistet). An der Westgrenze des Sachsenwalds hat die Bille, die aus Richtung Trittau nach Aumühle und dann weiter in die Elbe fließt, ein wunderschönes kleines Tal geformt.

Von der Grander Mühle (die du mit Bus und Bahn erreichen kannst) führt ein Weg direkt an der Bille entlang bis nach Aumühle – mit rund 15 Kilometern eine wunderbare, entspannte Tagestour. Es gibt aber noch ein paar andere urige, deutlich kleinere Flüsse im Sachsenwald. Mein Mikroabenteuer-Favorit im Sachsenwald ist die Schwarze Au, die in Aumühle in die Bille fließt. Die Schwarze Au entwässert quasi den gesamten Sachsenwald und wurde in ihrem Verlauf immer wieder aufgestaut – die kleinen Stauteiche liegen mittlerweile aber teilweise wieder trocken. Von Aumühle aus kannst du der Schwarzen Au flussaufwärts folgen. Nach einigen Kilometern wirst du einen Zufluss entdecken: die Kammerbek. Wenn du ihr folgst, wird es noch uriger.

Die Entfernungen im Sachsenwald sind nicht sonderlich extrem, deshalb hast du verschiedene Varianten zur Auswahl: 1. Der Kammerbek bis aus dem Wald heraus zur Quelle bei Havekost folgen (von dort fährt an Schultagen ein Bus nach Schwarzenbek oder Trittau). 2. Die Nacht im Wald verbringen und am nächsten Morgen zurück nach Aumühle gehen. 3. Du machst mitten im Wald an der Kammerbek eine Pause und gehst dann noch am gleichen Tag zurück nach Aumühle. Um kurz nach Mitternacht fährt die letzte S-Bahn zurück zum Hauptbahnhof.

Das einzige Naturschutzgebiet im Sachsenwald ist übrigens das *Naturschutzgebiet Billetal* am Lauf der Bille, wo das Zelten und das Verlassen der Wege verboten sind.

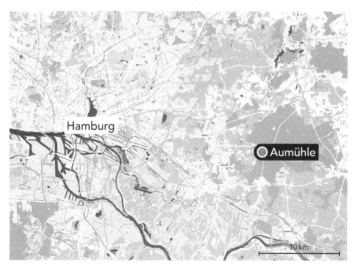

5 | AUF DEM GRÜNEN RING

Der sogenannte 2. Grüne Ring zieht sich über 100 Kilometer wie ein grünes Band rund um Hamburg. Er verbindet Parks, Kleingartensiedlungen, Wälder, Marschgebiete und Obstplantagen. Der Grüne Ring ist nicht immer das, was man pittoresk nennt, aber er ermöglicht einen unglaublich wechselvollen Blick auf die Gebiete am Rande der Stadt.

Ursprünglich wurde der Grüne Ring als Fahrradweg angelegt, deshalb ist er auch mit einem roten Fahrrad auf weißen Grund beschildert. Er verläuft vom Jenischpark im Westen über den Altonaer Volkspark, das Niendorfer Gehege, den Friedhof Ohlsdorf, die Trabrennbahn Farmsen, den Öjendorfer Park und die Boberger Niederung bis zum Wasserpark Dove-Elbe im Osten. Südlich der Elbe setzt sich der Ring über die Vier- und Marschlande und den Neuländer See, den Harburger Stadtpark, Meyers Park und weiter über die Süderelbmarsch fort und endet am Rüschpark gegenüber dem Jenischpark auf der anderen Elbseite.

Die Stadt Hamburg teilt den 2. Grünen Ring in insgesamt acht Wanderetappen ein. Daran brauchst du dich natürlich nicht zu halten. Beim *Megamarsch Hamburg* wandern die Teilnehmer genau diese Route innerhalb von 24 Stunden (**siehe auch »Events« auf Seite 249**). Und bei folgendem offiziellen Hinweis muss man auch davon ausgehen, dass die Stadt Hamburg ihre Empfehlungen nicht an Menschen richtet, die oft draußen unterwegs sind: »Neben wetterfester Kleidung sollten auch Getränke und Imbiss im Rucksack nicht fehlen! Einige Strecken führen längere Zeit durch naturnahe Gebiete ohne die Möglichkeit, sich anderweitig zu versorgen.«

Wenn es ums Übernachten geht, relativiert sich der Begriff »naturnah« recht schnell: Auf der ganzen Strecke ist die Stadt greifbar nahe. Die besten Spots gibt es an der Süderelbe bei Finkenwerder, im Niendorfer Gehege und im Öjendorfer Park. Auch die Boberger Niederung ist einladend, allerdings Naturschutzgebiet mit explizitem Verbot des »Lagerns«.

Sprich: Auf dem 2. Grünen Ring ist echter Mikroabenteuercharakter gefragt, wenn du ihn in einem Schwung bzw. an aufeinanderfolgenden Tagen gehen willst. Alternativ bietet sich ein Aufteilen in mehrere individuelle Etappen an unterschiedlichen Tagen an (deren Start- und Endpunkte du nach Erreichbarkeit mit öffentlichen Verkehrsmitteln festlegen solltest). Oder du fährst die Tour an einem Tag mit dem Rad. Das Praktische an diesem Mikroabenteuer: Weil du im Kreis läufst, bist du nie weit weg von Bus und Bahn.

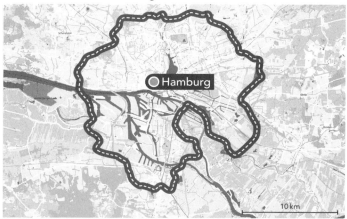

Laufe ich noch im Kreis, oder sitze ich schon? Ein Teilnehmer des *Megamarschs* auf Hamburgs Grünem Ring sucht nach Antworten.

NOCH MEHR IDEEN FÜR HAMBURG

// Auf den Hasselbrack: mit dem Bus in die Harburger Berge und dort auf den höchsten »Gipfel« Hamburgs, den Hasselbrack (116 m). **Siehe auch den Bericht auf Seite 118.**

// Die Hetlinger Schanze: bei Haseldorf im Westen Hamburgs. Entweder ganz zu Fuß oder mit dem Rad hin oder von der S-Bahn-Station Wedel aus. Es gibt dort großartige versteckte Ecken, an denen selbst bei schönem Wetter wenig los ist. Übernachten in unmittelbarer Wassernähe.

// Geheimes Hafenpanorama: Mit der Fähre zum Bubendey-Ufer und von dort an der Flutschutzmauer entlang Richtung Containerterminal. Zwischen Elbe und Flutschutzmauer befindet sich direkt am Leuchtfeuer ein Spot mit einzigartigem Blick auf die Stadt. Ich habe dort schon übernachtet **(siehe den Bericht auf Seite 55).**

// Die Boberger Dünen im Osten der Stadt zwischen den Stadtteilen Bergedorf, Billwerder, Billbrook, Billstedt und Lohbrügge sind unbedingt ein Abenteuer wert. Sie sind aus der Innenstadt mit der S-Bahn-Linie 21 ruckzuck zu erreichen, liegen allerdings im *Naturschutzgebiet Boberger Niederung*, in dessen Verordnung auch das Lagern verboten ist.

// Hamburger Jakobsweg: Mitten durch Hamburg führt der nordosteuropäische Zubringer des Jakobswegs nach Santiago de Compostela in Spanien. Die sogenannte *Via Baltica* kannst du als Mikroabenteuer angehen, wenn du entweder mit der Bahn nach Lübeck fährst und von dort nach Hamburg wanderst – oder von Hamburg aus Richtung Bremen losziehst. Mehr Infos zum Streckenverlauf findest du unter *www.jakobswege-europa.de/wege/via-baltica.htm*

// Nacht im Norden: Auch Sylt kannst du als Mikroabenteuer machen. Mit der Bahn fährst du gut drei Stunden bis Westerland, von dort aus sind es je nach Route 15 bis 20 Kilometer zum sogenannten Ellenbogen bei List – eine wunderschöne Ecke und nicht nur nördlichster Teil der Insel, sondern auch Deutschlands. Der Lister Ellenbogen gehört zum *Naturschutzgebiet Nord-Sylt*, in dem schon das Aufstellen von Zelten sowie das Feuermachen verboten sind, das Lagern jedoch nicht.

// Mal eben in den Harz: Kaum weiter entfernt als Sylt ist der *Nationalpark Harz* mit seinen unendlichen Wandermöglichkeiten und dem Brocken als »echtem« Berg. Wenn du frühmorgens in Hamburg in die Bahn steigst und dann zum Beispiel von Wernigerode noch einen Bus nimmst, bist du spätestens mittags mittendrin im Nationalpark. Einen halben Tag wandern, die Nacht in einer der offenen Schutzhütten am Wegesrand verbringen, noch einen Tag wandern und am Abend mit Bus und Bahn wieder zurück nach Hamburg – das geht sogar wunderbar übers Wochenende. Besonders beeindruckend ist das Bodetal zwischen Treseburg und Thale.

// Gendarmenpfad bei Flensburg: Am nördlichen Ufer der Flensburger Förde verläuft auf dänischem Boden der *Gendarmstien*, zu deutsch: Gendarmenpfad. Von Padborg (eine Station bzw. zehn Minuten mit dem Intercity von Flensburg) geht es insgesamt rund 74 Kilometer auf teilweise sehr urigen Wegen bis nach Horuphav. Von dort aus kannst du mit Bussen wieder nach Padborg gelangen – oder andersherum. Früher überwachten die dänischen Gendarmen von diesem Pfad aus die Grenze nach Deutschland. *www.gendarmsti.dk/de*

// Der Alsterlauf: lässt sich je nach Wasserstand von Höhe Ohlstedt bereits mit dem Kanu, Kajak oder SUP befahren – und zwar bis zum Jungfernstieg! Ich habe dieses überragend simple Mikroabenteuer im Sommer mit Freunden gemacht (siehe dazu den Bericht auf Seite 105).

// **Mit dem Rad ans Meer:** Pflicht für jeden Hamburger! Am lohnendsten sind die Touren nach St. Peter-Ording (von den Landungsbrücken etwa 150 Kilometer) und auf die Insel Poel in der Ostsee (ebenfalls rund 150 Kilometer). Wenn du nur eine Strecke mit dem Rad machen willst, kannst du von St. Peter-Ording mit der Bahn zurückfahren, von der Insel Poel geht ein Bus nach Wismar, wo es einen Bahnanschluss nach Hamburg gibt.

// **Kleine Flüsse im Umland:** die Schwentine ab dem Eutiner See (auf etwa 50 Kilometer Länge befahrbar), der Flusslauf Osterau-Bramau-Stör ab der Einsatzstelle Weide-Bass zwischen Bad Bramstedt und dem Wildpark Eekholt (rund 30 Kilometer bis zur Mündung in die Stör, die dann nach weiteren circa 50 Kilometern etwas unterhalb von Glückstadt in die Elbe mündet). *www.flussinfo.net/schwentine* & *www.flussinfo.net/osterau-bramau*

// **Die Fischbeker Heide:** südlich von Neugraben-Fischbek. Mit den S-Bahn-Linien 3 und 31 sowie mit der Regionalbahn gut zu erreichen und ein kleines Paradies in direkter Reichweite. Die Naturschutzverordnung verbietet neben dem Zelten allerdings ausdrücklich auch das Lagern.

Die Fischbeker Heide: Mikroparadies mit S-Bahn-Anschluss.

WEITERE INFOS FÜR HAMBURG

// Naturschutzgebiete: Insgesamt gibt es in Hamburg 34 Naturschutzgebiete. Über neun Prozent der Fläche Hamburgs stehen unter Naturschutz – das ist deutschlandweit einsame Spitze für ein Bundesland. Umso wichtiger ist es aber auch, genau zu wissen, was du wo darfst und was nicht. Die Stadt Hamburg hat eine hervorragende interaktive Übersichtskarte online gestellt, in der die Naturschutzgebiete markiert sind. Mit einem Klick bekommst du dort alle wichtigen Infos, inklusive Link zur jeweiligen Naturschutzverordnung: *www.hamburg.de/schutzgebietskarte*

// Unterwegs auf der Elbe: Detaillierte Informationen für das Befahren der Elbe mit Kanu, Kajak und SUP findest du unter: *www.faltboot.org/wiki/index.php/elbe*

// Gezeiten: Wenn du in und um Hamburg auf die Elbe oder deren Zuflüsse willst, solltest du vorher immer checken, wann du auflaufendes oder ablaufendes Wasser zu erwarten hast! Zum einen hat das starken Einfluss auf deine Reisegeschwindigkeit und die Kraft, die du aufbringen musst, zum anderen wird der Flussbereich, in dem du noch fahren kannst, bei Niedrigwasser zum Teil deutlich schmaler, weil die Fahrrinne für die großen Pötte sich nicht verändert. Die verlässlichsten Informationen liefert das *Bundesamt für Seeschifffahrt und Hydrographie* unter *www.bsh.de.* Über diese Website findest du auch Infos zum gedruckten, jährlich neu erscheinenden und für ein paar Euro bestellbaren Gezeitenkalender für die Deutsche Bucht und deren Flussgebiete.

// Revierförstereien: Im Anhang dieses Buches auf Seite 261 sind die acht Forstreviere Hamburgs bzw. die Kontaktdaten der jeweiligen Revierförstereien aufgelistet. Wenn du dir nicht sicher bist, was du im Wald darfst, oder du einen Insider-Tipp brauchst – fragen kostet nichts.

// Verleih von Kanus, Kajaks und SUPs: Es gibt jede Menge Verleihstationen in Hamburg, vor allem für Kanus. Diese richten sich aber vor allem an Sonntagsausflügler, die ein oder zwei Stunden umherpaddeln wollen. Dagegen ist auch nichts einzuwenden. Wenn du aber ein Mikroabenteuer auf dem Wasser in Hamburg planst, empfehle ich dir, in Stationen zu leihen, die sich auch an echte Wassersportler wenden (was sich auf den Mietpreis für ganze Tage oder Wochenenden auswirkt). Für Kanus und Kajaks ist *Gadermann* in Norderstedt eine Top-Anlaufstelle (*www.gadermann.de*), für SUPs der *Freerider Shop* am Dammtor (*www.freeridershop.de*).

// Outdoor-Shops: Reine Outdoor-Fachgeschäfte mit einem größeren Markensortiment gibt es in Hamburg relativ wenige. Neben *Globetrotter Ausrüstung* mit dem großen Haus am Wiesendamm in Barmbek und der City-Filiale in der Gerhofstraße halten *Trekking König* in den Colonnaden und *Tom Klee Outdoor Elements* in der Osterstraße die Stellung. *Trekking König* betreibt außerdem Outlets in Lüneburg, Schwerin und Lübeck. Auch *Jack Wolfskin* hat neben mehreren Filialen im Stadtbereich ein Factory-Outlet im Großraum Hamburg – und zwar in Neu Wulmsdorf. Am Curslacker Neuen Deich in Bergedorf befindet sich die Hamburg-Filiale von *McTrek Outdoor Sports*. In Hamburg-Wandsbek bekommst du die Outdoor-Eigenmarken des für seine günstigen Preise bekannten französischen Sportriesen *Decathlon*. In der Innenstadt findest du *SportScheck* und *Karstadt Sport*, die beide (überschaubare) Outdoor-Abteilungen haben – genau wie die verschiedenen *Intersport*- und *Stadium*-Filialen in der Stadt. Am Großen Burstah betreibt der Bergspezialist *Mammut* einen eigenen Store.

MIKROABENTEUER
IN UND UM
MÜNCHEN

München ist schon aufgrund seiner Lage prädestiniert für Abenteuer – sowohl für große als auch für kleine. Am Wochenende in die Berge zu fahren lernst du in der Hauptstadt Bayerns meist schon sehr früh. München ist die deutsche Outdoor-Hauptstadt: Viele Hersteller und Agenturen der Szene sitzen in München, ab 2019 wird neben der größten Sportartikelmesse der Welt, der *ISPO*, auch die riesige *Outdoor*-Messe nicht mehr in Friedrichshafen, sondern erstmals in München stattfinden.

Nur: Dadurch, dass der Fokus der Münchner allein beim Gedanken an einen Wochenendtrip meist direkt auf den Alpen oder dahinter (sprich: in Italien) liegt, gerät manchmal in Vergessenheit, welche unglaublichen Möglichkeiten schon in einem deutlich geringeren Radius rund um die Stadt liegen. München selbst ist mit der zum Teil aufwendig renaturierten Isar, den angrenzenden Auen, mit seinen Wäldern, mit den Heidelandschaften und Moorgebieten ein beeindruckender Draußen-Spielplatz. Es ist die Kombination, die Vielzahl an Möglichkeiten, die München auch zu einem wahren Mikroabenteuer-Mekka macht: so viel Gutes direkt vor der Tür.

Auch für Münchener, die mit dem Losziehen groß werden, gilt es allerdings, immer wieder aus den gelernten Mustern auszubrechen und die persönlichen Komfortgrenzen zu sprengen. Wenn es für dich völlig normal ist, am Wochenende auf einen Gipfel zu steigen, dann gehe den nächsten Schritt: Vielleicht schläfst du einfach mal draußen statt auf der Hütte, vielleicht fährst du mit dem Fahrrad nach Norden (statt dich immer nur Richtung Süden zu orientieren). Oder du legst dich einen Tag im Wald ins Gras und beobachtest die Vögel anstatt von einem Berg zum anderen zu hetzen.

Schon mal 24 Stunden im Englischen Garten verbracht?
Auf den folgenden Seiten findst du konkrete Ideen sowie
nützliche Infos für Mikroabenteuer in und um München.

1 | ZU FUSS AN DEN SEE

Die Würm ist der einzige Abfluss des Starnberger Sees, der bis 1962 Würmsee hieß. Nach 40 Kilometern mündet sie in Dachau in die Amper und fließt mit ihr gemeinsam in die Isar. Am Starnberger See warst du sicher schon, aber diese Tour wirst du höchstwahrscheinlich noch nicht gegangen sein – dabei ist sie ein simples, unprätentiöses und gerade deshalb schönes Tages-Mikroabenteuer, für das du nichts weiter brauchst als Zeit und halbwegs fitte Beine.

Mit der S-Bahn fährst du frühmorgens nach Pasing. Vom Bahnhof schlenderst du die Irmonherstraße runter zur Würm bis auf den Wanderweg direkt am Ufer, der dich durch den Pasinger Stadtpark flußaufwärts führt und an der A96 endet. Von dort aus geht es auf kleinen Anwohnerstraßen weiter bis nach Steinkirchen. Du folgst immer weiter dem Flußlauf, musst aber auch immer wieder selbst entscheiden, ob es direkt auf einem Uferpfad möglich ist oder du die jetzt zum Teil doch größer werdenden Straßen nimmst – einen durchgängigen Wander- oder Radweg gibt es entlang der Würm noch nicht. Aber dafür ist der Abenteuerfaktor auch größer, und die Strecke ist nicht voll von Ausflüglern.

In Gauting liegt ein Freibad direkt an der Würm, du kannst dich aber auch an vielen anderen Stellen abkühlen. Hinter Gauting wird es wieder naturnaher, und am östlichen Ufer der Würm verläuft ein Waldweg. Kurz vor Starnberg wartet dann mit dem Leutstettener Moos noch ein echtes Highlight, bevor du am Starnberger See ins kühle Nass springen und dich ein wenig ausruhen kannst. Danach geht es mit der S-Bahn wieder zurück nach München.

Diese Tour erfordert den guten Willen, einen Weg zu finden, wo keiner vorgegeben ist. Du kannst sie natürlich auch andersherum gehen, aber ich finde, der Starnberger See ist ein schöneres und motivierenderes Ziel für ein Mikroabenteuer als der S-Bahnhof von Pasing (oder der von Dachau, falls du die komplette Würm ablaufen möchtest).

2 | AM MAGISCHEN SCHRECKSEE

Ja, der Schrecksee ist vielleicht der schönste See Deutschlands. Seine Lage in den Allgäuer Hochalpen ist spektakulär. Außerdem hast du hier oben tatsächlich noch ein Gefühl von Ruhe und Einsamkeit. Gerade in den Sommermonaten kann es natürlich trotzdem sein, dass du nicht alleine bist. Allerdings ist der Aufstieg Gott sei Dank schwer genug, um die ganz großen Touristenhorden fernzuhalten.

Vom Münchener Hauptbahnhof fährst du mit der Regionalbahn bis Sonthofen (in Buchloe musst du einmal umsteigen), dann mit dem Bus weiter bis nach Bad Hindelang. Insgesamt dauert das ungefähr 2,5 Stunden. Von Bad Hindelang aus sind es rund 18 Kilometer knackige Wanderung über Hinterstein, Willersalpe und Rauhorn bis zum Hochkessel mit dem Schrecksee auf gut 1.800 Metern Höhe. Dort wurde das respektvolle Biwakieren in Felsennähe lange toleriert. Weil aber immer mehr Pseudo-Naturfreunde Zelte mitten auf der Wiese aufgebaut, Zaunpfähle zum Feuermachen benutzt und (kein Witz!) sogar die Kühe gemolken haben, ist das Zelten und Campen mittlerweile streng verboten.

Was das genau bedeutet, wollte ich von der Gemeinde Bad Hindelang wissen, die für die Ordnung am Schrecksee verantwortlich ist. Die klare Antwort: Kein Zelt, keine Übernachtungs-Ausrüstung wie Schlafsack oder Isomatte! Auf einem Stein zu sitzen und den Sonnenuntergang oder -aufgang zu beobachten sei aber „natürlich" kein Problem. Um die Regeln im Naturschutzgebiet hier oben durchzusetzen, seien regelmäßig Kontrolleure unterwegs.

Vom Kirchendachsattel hast du einen fantastischen Blick auf den Schrecksee – und du wirst sicher noch viele weitere interessante Perspektiven finden. Der Schrecksee und die Berge um ihn herum sind einfach ein unglaublich schönes Motiv. Wichtig für Aufnahmen von Sonnenuntergang und -aufgang bzw. in der Dämmerung: Stativ einpacken!

Zurück geht's dann an der Ostflanke des Rauhorns talwärts über den Vilsalpsee nach Tannheim und von dort mit dem Bus nach Sonthofen, wo die Bahn nach München fährt.

3 | 24 STUNDEN AM MONOPTEROS

Der Blick vom Monopteros-Hügel in den Englischen Garten.
24 Stunden an diesem Spot sind Mikroabenteuer pur.

Das urbane Entschleunigungsabenteuer: Statt in kurzer Zeit möglichst viel Strecke zu machen, hast du bei dieser »Tour« einen minimalen Radius. Der Monopteros, ein kleines altgriechisches Tempelgebäude, liegt gut sichtbar auf einer Anhöhe im Englischen Garten, unweit des Chinesischen Turms. Hier 24 Stunden zu verbringen kann dich extrem runterbringen. Hier kannst du 24 Stunden beobachten, 24 Stunden in dich hineinhorchen, 24 Stunden dankbar sein, in dieser Stadt zu leben – oder sie besuchen zu dürfen. Du kannst in dieser Zeit auch wunderbar ein Zeitraffer-Video von der einzigartigen Stadt-Silhouette drehen, wenn du ein Stativ dabeihast.

So simpel diese Idee klingt, ist sie in der Praxis gar nicht. Wo gehst du zur Toilette? Wie machst du es dir bequem, wenn du wenigstens kurz die Augen schließen möchtest? Für Ersteres gibt es keinen klugen Rat, da musst du einfach eine pragmatische Lösung in der Nähe finden. Und für das

Gemütlichmachen gilt: Auch wenn tagsüber am und unterhalb des Monopteros viel los ist, wird es nachts irgendwann leerer. Mit ein bisschen Courage befestigst du dann sogar eine Hängematte an den Säulen. Oder du rollst einfach eine Isomatte auf dem Boden aus. Du kannst dir im Prinzip sogar einen Liegestuhl mitbringen. Goldene Regel: Je schöner das Wetter, desto unschöner die Atmosphäre – einfach weil der Spot sehr bekannt und beliebt ist.

Da du dich am Monopteros quasi auf dem Präsentierteller befindest, solltest du dir vorher eine grobe Strategie für ein mögliches Gespräch darüber zurechtlegen, ob du dich im Rahmen der Vorschriften bewegst. Meine Empfehlung (die ich an anderer Stelle bereits ausgeführt habe): immer freundlich und respektvoll kommunizieren und die Perspektive des anderen wertschätzen. Und vor allem darauf hinweisen, dass du hier nicht zeltest, campst oder lagerst, sondern einfach nur die Sterne beobachten, in Ruhe nachdenken oder eben ein Zeitraffer-Video des Nachthimmels dieser wunderschönen Stadt aufnehmen möchtest.

Gerade an diesem Ort haben Verbote weniger mit Naturschutz im engeren Sinne zu tun, sondern sollen einfach Lärm und Vermüllung an einem öffentlichen Platz regulieren. Wenn du dich vernünftig verhältst, stehen deine Chancen gut, das eindrucksvolle Tag-Nacht-Schauspiel im Englischen Garten unbehelligt genießen zu können.

4 | VOM ISARSPRUNG NACH HAUSE

Die Isar ist ein magischer Fluss, an dessen Ufern du immer wieder die Zeit vergisst. Vor allem dort, wo wenig los ist.

Die Isar ist der Inbegriff Münchens innerstädtischer Lebensqualität. Entlang ihren Ufern kannst du herrlich faulenzen, grillen und in Biergärten sitzen, auf ihr kannst du paddeln, in ihr schwimmen. Du kannst aber auch an ihre Quelle in den Alpen fahren und ihrem Lauf bis in die Münchener Innenstadt folgen. Das Beste daran: Es geht immer bergab.

Am Münchener Hauptbahnhof steigst du mit deinem Rad in die Regionalbahn und fährst binnen zwei Stunden über Mittenwald nach Scharnitz, kurz hinter der Grenze zu Österreich. Dort siehst du die Isar bereits, ihr Quellgebiet liegt aber noch etwa 15 Kilometer weiter flussaufwärts. Wenn du dem ausgeschilderten Radweg hinauffolgst (zum Teil ordentliche Steigungen!), wirst du entdecken, dass die Isar gar keine einzelne Quelle hat, sondern aus mehreren kleinen Gebirgsrinnsalen gespeist wird. »Bei den Flüssen« heißt deshalb der Ort des Isarsprungs. Von hier oben sind es knapp 150 Kilometer auf dem Isar-Radweg bis nach München. Da die Strecke, wie gesagt, stetig bergab führt, kannst du diese Tour theoretisch an einem Tag schaffen. Die Anreise und das Teilstück von Scharnitz hoch zur Quelle brauchen aber ihre Zeit, und du willst ja auch ein bisschen was mitbekommen – deshalb plane ruhig zwei Tage ein.

Draußen übernachten kannst du am besten auf dem rund 15 Kilometer langen Abschnitt zwischen Krün und Vorderriss oder etwas weiter zwischen Bad Tölz und Geretsried.
Da der Isar-Radweg (der übrigens noch durch München durch bis zur Mündung der Isar in die Donau führt) durchaus beliebt ist, ist diese Tour keine extreme Wildnis-Erfahrung. Dennoch gehört sie meiner Meinung nach zu den Dingen, die jeder Münchener einmal gemacht haben muss. Wenn du den Abenteuerfaktor hochschrauben willst, verpflege dich komplett selbst, schlafe draußen ohne Zelt und nimm den einen oder anderen der vielen Trails an der Strecke mit. Genauso gut kannst du aber natürlich auch auf die Radtouristen-Infrastruktur mit ihren Cafés, Gasthöfen und Biergärten zurückgreifen. Wo genau in München dieses Mikroabenteuer für dich endet, entscheidest du auch selbst – ich finde, der Biergarten am Muffatwerk ist ein würdiger Zielpunkt.

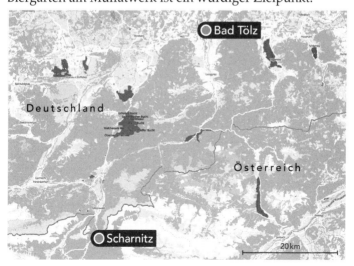

5 | AUF DER AMPER BIS ZUR ISAR

Ein Mikroabenteuer auf dem Wasser solltest du als Münchener einmal im Jahr machen – mindestens. Es gibt zig großartige Seen, auf denen du mit dem Stand-up-Paddle-Board fahren kannst, und es gibt wilde Flüsse, auf denen du dich richtig austoben kannst, vorausgesetzt du hast genug Erfahrung oder einen guten Guide, am besten beides.

Die Mangfall, die den Tegernsee entwässert und in einem großen Bogen in den Inn fließt, wäre eine Möglichkeit. Aber je nach Pegelstand kann es auch hier ganz schön heiß hergehen, weshalb der einzige Kajakverleih am Fluss (die *Kajak Company* in Valley) seine Boote nur an nachweislich Erfahrene vermietet. Eine schöne Variante für ein Flussabenteuer ist die etwas gemächlichere Amper. Sie entspringt als Ammer südwestlich von Oberammergau, wird dann am Ammersee aufgestaut, fließt als Amper wieder aus ihm heraus und mündet bei Moosburg in die Isar.

Du kannst zum Beispiel vom Hauptbahnhof in München mit der S-Bahn bis nach Buchenau fahren und dann den Bus zum Anfangspunkt Inning am Ammersee nehmen. Von hier aus bzw. von Stegen, einen zehnminütigen Spaziergang von Inning entfernt, sind es auf dem Fluss etwa 107 Kilometer bis nach Moosburg. Dafür wirst du sicher drei Tage richtig durchziehen müssen. Du kannst aber natürlich auch später einsetzen, zum Beispiel in Fürstenfeldbruck oder Dachau, oder nur vom Ammersee bis dorthin fahren. Eine solche Flexibilität und überhaupt das entspannte Anreisen mit S-Bahn und Bus hast du natürlich nur, wenn dein Gefährt einfach zu transportieren ist, sprich: Du brauchst ein aufblasbares Stand-up-Paddle-Board, ein Faltkajak oder ein Packraft.

Oder – und diese Variante ist durchaus interessant – du leihst dir einen sogenannten Schlauchcanadier: ein Kanu aus Gummi. Ein Anbieter, der auch Touren auf der Amper anbietet, sich dort also gut auskennt, ist *Die Waldmeister* (*www.die waldmeister-muenchen.de*). Hier kannst du für 50 Euro am Tag in Perlach ein Zweier-Kanu leihen, das sich auf ein gerade noch tragbares Packmaß zusammenlegen lässt. Oder aber du besprichst vor Ort, ob nicht einer der Mitarbeiter sowieso am nächsten Tag an der Amper ist und dir direkt dort ein Boot bereitstellen kann.

Auf dem ersten Drittel der Strecke vom Ammersee Richtung Isar gibt es in einigen Abschnitten ein Befahrungsverbot vom 1. März bis 15. Juli, an das du dich unbedingt halten solltest, weil in dieser Zeit die Vögel am Ufer brüten. Im Fluss befinden sich mehrere Wehre, die auf Schildern angekündigt werden und die du im Zweifel immer umtragen solltest. Außerdem gibt es teilweise einen Mindestwasserpegel, der nicht unterschritten werden darf. Pegelstände kannst du auf der Website des Hochwassernachrichtendienstes Bayern checken (*www.hnd.bayern.de*), Informationen über die Mindestpegelstände bekommst du unter *www.kanu-info-isar.de/amper.htm*

Die besten Chancen auf einen ruhigen Schlafplatz hast du bei bzw. kurz hinter Emmering, bei Deutenhofen und hinter Ampermoching. Dass du bei der Wahl deiner Anlandestellen auf die jeweiligen Naturschutzverordnungen achten solltest, versteht sich von selbst.

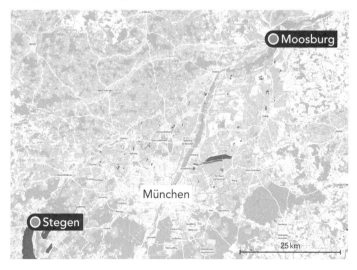

Dadurch, dass du aus nahezu allen Orten entlang der Amper in relativ kurzer Zeit mit öffentlichen Verkehrsmitteln zurück nach München kommst, kannst du tatsächlich spontan entscheiden, wann und wo diese Tour für dich endet.

NOCH MEHR IDEEN FÜR MÜNCHEN

// Auf einer Isarinsel übernachten: Natürlich darfst du auf den Mini-Inseln im Stadtgebiet nicht zelten, aber beim Sternegucken im Schlafsack muss es schon ganz blöd laufen, wenn du ernsthaft Ärger mit einem Ordnungshüter bekommst. Suche dir am Flaucher eine Kiesbank und bleibe einfach, wenn die Sonne untergeht. Was du nur unbedingt vorher prüfen solltest, ist die Wasserstandsvorhersage.

// Fünf Seen an einem Tag: Du brichst frühmorgens mit dem Rad in München auf und steuerst nacheinander den Starnberger See, den Ammersee, den Pilsensee, den Wörthsee und den Weßlinger See an. Am Abend geht es wieder zurück nach München. Insgesamt wirst du je nach Route rund 100 Kilometer unterwegs sein. Die Tour gilt natürlich nur als komplett, wenn du auch in jedem der fünf Seen gebadet hast.

// Von der Haustür zum Alpenpanorama: Die Ludwigshöhe in Kleindingharting ist an sich unspektakulär, aber von hier hast du einen tollen Blick auf die Alpen. Starte zu Fuß direkt von deiner Haustür aus. Aus der Innenstadt sind es knapp 25 Kilometer durch den Perlacher und Grünwalder Forst. Zurück kannst du den Bus und dann die S-Bahn nehmen.

// Auf der wilden Donau von Deggendorf nach Passau: Wenn du dein Kajak, Kanu oder Stand-up-Paddle-Board bei Deggendorf in die Donau lässt, hast du nicht nur einen traumhaften Flussabschnitt auf der Lebensader Europas vor dir, sondern auch (gleich am Anfang) die Mündung der Isar in die Donau. Nach Deggendorf kommst du in weniger als zwei Stunden mit der Regionalbahn, aus dem rund 60 Flusskilometer entfernten Passau zurück nach München dauert es nur ein paar Minuten länger.

// Die Pups-Runde: Manchmal müssen die Ziele eines Mikroabenteuers keinen Sinn machen, sondern einfach nur einen Anlass liefern, aufzubrechen. Der Ort Pups ist ein ganz hervorragend bescheuertes Beispiel. Vielleicht willst du eigentlich nur ein Foto vom Ortsschild mit nach Hause bringen, aber plötzlich bist du froh, hierhergekommen zu sein – was du sonst aufgrund der fehlenden landschaftlichen Attraktionen möglicherweise nie in Erwägung gezogen hättest. Vom S-Bahnhof Großhelfendorf kannst du eine schöne Tagestour nach Pups, durch das Kupferbachtal nach Glonn und wieder zurück nach Großhelfendorf machen. Insgesamt sind das rund 25 Kilometer.

WEITERE INFOS FÜR MÜNCHEN

// Naturschutzgebiete: Im Landkreis München und in der Stadt München gibt es folgende 8 Naturschutzgebiete: die *Allacher Lohe*, das *Kupferbachtal bei Unterlaus*, das *Mallertshofer Holz mit Heiden, Panzerwiese, Hartelholz*, die *Vogelfreistätte südlich der Fischteiche der Mittleren Isar*, das *Schwarzhölz* und die *Südliche Fröttmaninger Heide*. Detaillierte Infos zu den jeweiligen Schutzzonen bekommst du für den Landkreis München unter *www.landkreis-muenchen.de* (dann Themen/Umwelt/ Natur- und Artenschutz/Schutzgebiete), für die Stadt München nur unter folgendem schwindelerregenden Link:

www.muenchen.de/rathaus/Stadtverwaltung/Referat-fuer-Stadtplanung-und-Bauordnung/Natur-Landschafts-Baumschutz/ Naturschutzgebiete/Allgemein.html

// Wälder und Forste: In der Münchener Forstverwaltung gibt es 5 Revierförster. Solltest du dir unsicher sein, was du im Wald wann darfst, nimm einfach Kontakt auf und frage nach! E-Mail-Adresse: *forstverwaltung.kom@muenchen.de.* **Die Telefonnummern findest du im Anhang auf Seite 262.**

// Outdoor-Shops: München ist gar nicht unbedingt rappelvoll mit Outdoor-Fachgeschäften, dafür haben auch die großen Sporthäuser wie *SportScheck, Sport Schuster, Karstadt Sports* und *Decathlon* (alle in der Innenstadt zwischen Stachus und Isartor) sowie die Filialen von *Intersport* und *Sport 2000* deutlich besser sortierte Outdoor-Abteilungen als in allen anderen deutschen Städten. Dann sind da natürlich die Spezialisten *Globetrotter Ausrüstung* am Isartor, *Lauche & Maas* in der Alten Allee in Pasing und in Obersendling (mit ihrer Filiale *Därr Expeditionsservice*) sowie *McTrek Outdoor Sports* in Unterföhring.

In der Innenstadt gibt es Marken-Stores von *Mammut, Salewa, The North Face* und *Jack Wolfskin* (die wie in allen deutschen Großstädten in fast jedem Einkaufszentrum zu finden sind). *The North Face* hat außerdem noch einen Shop in den Pasing-Arcaden, *Patagonia* einen in Schwabing. Outlets findest du am Ostbahnhof und in Unterhaching (*SportScheck*) und Aschheim (*Salewa*). In der Dachauer Straße nördlich vom Hauptbahnhof kannst du im *Army Shop Fashion & More* nach günstigen Alternativen zur Hightech-Ausrüstung stöbern.

// SUP, Kajak und Kanu: Stand-up-Paddle-Boards zu leihen ist in der Münchener Innenstadt gar nicht so einfach – es gibt keine festen Stationen. Dafür findest du an nahezu jedem größeren See im Umland eine Verleihstation (zum Beispiel *Bavarian Waters* am Pilsensee und Chiemsee, den *SUP Club* am Starnberger See oder den *Surfstadl* am Ammersee, der gleichzeitig auch einen richtig guten SUP-Shop hat). Im Hochsommer gibt es auch Kurse und Leihboards auf dem Olympiasee. Mit Kajaks und Kanus verhält es sich ähnlich: Es gibt nur Verleihstationen an Seen und Flüssen außerhalb.

In der Stadt kannst du über Anbieter wie *Kanutouren für München* (*www.kanutouren-fuer-muenchen.de*) und *Die Waldmeister* (*www.diewaldmeister-muenchen.de*) Boote mieten, die du dann abholen musst (die Schlauchcanadier lassen sich relativ klein zusammenlegen). Nach Absprache können sie auch zu Fluss und Einsatzstelle deiner Wahl transportiert werden.

//Liniennetz München

Unter *www.christofoerster.com/mikroabenteuer-muenchen* findest du den Liniennetzplan nochmal in voller Auflösung.

MIKROABENTEUER IN UND UM KÖLN

Dass Köln hin und wieder als nördlichste Stadt Italiens bezeichnet wird, ist wohl eher auf den Lebensstil seiner Einwohner zurückzuführen (der manchmal tatsächlich ein bisschen was von »Dolce Vita« hat) als auf das Klima. Ja, es kann hier richtig schön warm werden. Nur kann es auch verdammt viel regnen. Das Wetter ist aber ohnehin zweitrangig – das ist ja das Schöne am Mikroabenteuer. Fakt ist: Köln ist eine grüne Stadt. Fast 17 Prozent seiner Fläche ist bewaldet, 22 Gebiete stehen unter Naturschutz, jede Menge Parks links und rechts des Rheins liegen wie ein enges Netz kleiner Oasen zwischen Wohngebieten und Verkehrsadern, um die Stadt herum zieht sich der Grüngürtel. Und natürlich ist dann da noch der Rhein, ohne den es Köln gar nicht gäbe und der viel mehr ist als nur eine Wirtschaftsstraße: ein blaues Band, das unendliche Freizeit-, Erholungs- und tatsächlich auch Abenteuermöglichkeiten bietet.

Köln gehört zu den fünf größten Städten Deutschlands, deshalb taucht es explizit in der Reihe der Tour-Empfehlungen in diesem Buch auf. Im Prinzip kannst du jedes Kölner Mikroabenteuer, das du auf den folgenden Seiten findest, aber natürlich auch machen, wenn du in Bonn oder Düsseldorf wohnst – vorausgesetzt, es ist dir möglich, in diesem Fall über alle rheinischen Rivalitäten hinwegzusehen. Das Nahverkehrsnetz im Rheinland ist bis ins Ruhrgebiet so gut ausgebaut, dass du ruckzuck draußen bist, falls du zum Beispiel ein Mikroabenteuer nach Feierabend planst oder einfach schnell in eine der vielen grünen Ecken im Umland hüpfen willst.

In der Eifel oder entlang des Rheins gibt es einige große, sehr touristische Aktivurlaubsrouten, zum Beispiel den Eifelsteig, den Rheinsteig oder den Rheinradweg. Die sind selbstverständlich schön – es hat ja seinen Grund, dass sie so beliebt sind –, aber um sie soll es hier nicht gehen. Du findest auf den nächsten Seiten Mikroabenteuer-Ideen, die nicht ganz oben in den Top 10 der normalen Aktiv-Reiseführer stehen. Du brauchst für sie die Bereitschaft, etwas aus deinen gelernten Denkmustern auszubrechen. Aber keine Sorge, richtig extrem wird es nicht.

1 | AUF DEM RHEIN NACH HAUSE

Die Kölner Altstadt vom Wasser aus. Hier aus eigener Kraft zum Sonnenuntergang einzulaufen hat einen ganz besonderen Reiz.

Jedem Kölner geht das Herz auf, wenn er auf dem Weg zurück in seine Stadt den Dom erblickt. Dieses zufriedene, mit Stolz und Lokalpatriotismus im besten Sinne durchmischte Wieder-zu-Hause-Gefühl hast du genauso, vielleicht sogar noch ein bisschen intensiver, wenn du auf dem Rhein nach Köln zurückkehrst. Nur, wie oft hast du das schon gemacht? Und wie viele Male davon bist du auf einem Kanu, Kajak oder Stand-up-Paddle-Board eingelaufen?

Dieses Mikroabenteuer führt dich zuerst zu einem Stand-up-Paddle-Board-Verleih: Am Fühlinger See verleiht die *SUP Station Köln* Boards. Auch der *SUP Store* verleiht am Fühlinger See, zusätzlich aber auch in Porz auf der Insel Groov. Vom *SUP Store* kannst du dir sogar ein Leihboard per Post nach Hause schicken lassen (*www.supstore.de*). Wichtig: Wähle ein aufblasbares Touring-Board mit Rucksack- oder Trolleytasche und denke an Pumpe und Leash! Eine Leash ist die Leine zwischen deinem Fuß und dem Board, die dafür sorgt, dass das gute Stück nicht auf einmal weg ist, solltest du ins Wasser fallen (was bei den Wellen, die Rheinfrachter erzeugen, schon mal passieren kann). Kanus und Kajaks kannst du direkt in Köln leider nicht mieten. Der einzige Anbieter, *Gatz* in Dellbrück, verleiht zwar Canadier, aber zum einen sind die nicht ohne Auto transportierbar, und zum anderen werden die Boote nur zum Testen verliehen und dürfen ausdrücklich nicht auf Bundeswasserstraßen wie dem Rhein gefahren werden. Köln ist einfach nicht die Wassersporthochburg – außer dem eindrucksvollen und mit großen Schiffen ziemlich vollen Rhein gibt es im Stadtgebiet ja auch keine nennenswerten Flüsse.

Mit deinem aufblasbaren Board steigst du frühmorgens in die Bahn nach Bonn und fährst am besten bis zur Haltestelle »Beuel, Konrad-Adenauer-Platz«. Am Café *Bahnhöfchen*, ein paar Meter flussabwärts hinter der Kennedybrücke, kannst du dein Board in Ruhe aufbauen und einsetzen.

Von hier aus sind es rund 35 Flusskilometer bis zum Dom – aufgrund der ordentlichen Strömung eine wunderbare Distanz für ein entspanntes Tages-Mikroabenteuer. Wichtig: Das Board immer mit dem Bug gegen die Strömung einsetzen, damit du auf den ersten Metern mehr Kontrolle hast. Außerdem gilt auf dem Rhein wie auf allen großen Wasserstraßen: Berufsschifffahrt hat Vorrang, nicht im Fahrwasser, sondern etwas außerhalb davon fahren, Abstand von Tonnen und Bojen halten, die Fahrrinne nur queren, wenn es unbedingt nötig ist, und vor allem: Gucken!

Aus Bonns Mitte geht es vorbei an der Siegaue, der Rheininsel Herseler Werth (Betreten verboten!) und den Lülsdorfer Weiden bis ins Herz der Domstadt. Der Langeler Auwald kurz hinter den Lülsdorfer Weiden ist ein wunderschönes Naturschutzgebiet mit schmalen Sandstränden. Auf Höhe des Strandbads Langel (wo das Naturschutzgebiet endet) kannst du dort auch für eine Pause anlanden.

In Köln ist der Rheinpark hinter dem Tanzbrunnen ein schönes Ziel. Dort kommst du gut aus dem Wasser und bist mittendrin. Außerdem hast du das Highlight Hohenzollernbrücke noch inklusive. Da du in Bonn am rechten Rheinufer startest und in Köln auch am rechten Ufer aussteigst, musst du den Rhein nicht queren. Das ist gut!

Diese Tour erfordert viel Umsicht und hohe Aufmerksamkeit. Du solltest in Bonn nicht zum allerersten Mal auf ein Stand-up-Paddle-Board steigen, sondern schon erste Erfahrungen gesammelt haben. Sie ist aber auch realistisch machbar – und ein einmaliges Erlebnis.

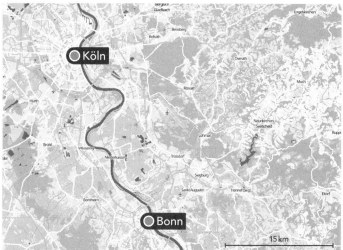

2 | MIT DEM RAD NACH RENESSE

Okay, das ist ein ganz schöner Ritt, aber warum nicht? Über Mönchengladbach, Venlo, an Eindhoven vorbei, durch Tilburg und Breda bis in das Seebad an der holländischen Nordseeküste sind es rund 280 Kilometer. Das hört sich nicht nur viel an, das ist auch viel. Aber 1. geht es spätestens ab Venlo nur noch bergab, 2. sind es nicht mal mehr 100 Kilometer am Tag, wenn du dir drei Tage Zeit nimmst, und 3. hast du nach dieser Tour definitiv etwas zu erzählen.

Der Strand von Renesse ist ein unfassbar gutes Ziel. Der Moment, in dem du dein Rad in den Sand fallen lässt und an die Wasserkante rennst, um das Meer zu berühren, wird dich umhauen – vor allem weil du ihn in all den Stunden davor bereits genau vor Augen hast.

Draußen übernachten kannst du auf dieser Strecke am besten rund um die Krickenbecker Seen kurz vor Venlo und kurz vor Tilburg am *Naturschutzgebiet Oisterwijk*. Aus Renesse kommst du mit Bus und Bahn etwas umständlich via Rotterdam und Utrecht wieder zurück nach Köln. Aber nach den Kilometern, die du dann in den Beinen hast, wirst du froh sein, für ein paar Stunden die Füße austrecken zu können. Wo, das ist dann auch egal.

3 | GRÜNGÜRTEL-EXPEDITION

Was heute der äußere Grüngürtel von Köln ist, war früher einmal das Kampf- und Schussfeld vor dem äußeren Festungsring der Stadt. Ein großer Teil dieser Anlagen wurde im Ersten Weltkrieg zerstört – und Konrad Adenauer, damals Bürgermeister der Stadt, schlug den Engländern vor, das Ödland einfach zu Parks umzugestalten. Auf dieser Grundlage zieht sich heute der markante grüne Streifen einmal rund um die inneren Stadtbezirke.

Du kennst sicher den Stadtwald mit dem Adenauer-Weiher und – natürlich – dem Stadion. Aber den kompletten äußeren Grüngürtel zu wandern, das führt dich auch durch Gebiete, die du noch nie betreten hast, obwohl sie eigentlich die ganze Zeit vor deiner Nase liegen. Decksteiner Weiher, Landschaftspark Belvedere, das Niehler Dömchen, der Stammheimer Schlosspark, die Merheimer Heide, das Gremberger Wäldchen, die Westhovener Aue – an all diesen Orten kommst du vorbei, wenn du dem Grüngürtel folgst.

2015 wurde der offizielle Wander- und Radweg »Mein Grüngürtel Rundweg« komplett markiert, übrigens mit maßgeblicher Unterstützung der von zwei Adenauer-Enkeln gegründeten *Kölner Grün Stiftung*. Mittlerweile gibt es sogar eine App mit dem Namen *Mein Grüngürtel Rundweg Köln*.

Insgesamt ist dieser Weg 63 Kilometer lang. Er eignet sich also am besten für zwei knackige Etappen (je nach Fitness und Vorliebe natürlich auch für mehr oder weniger). Egal, wo du starten und ankommen willst – du wirst diesen Punkt mit öffentlichen Verkehrsmitteln erreichen können. Wenn du draußen übernachten möchtest, solltest du am linken Rheinufer oberhalb der Mülheimer Brücke, in der Westhovener Aue oder im Raderthaler Grüngürtel Ausschau nach einem geeigneten Platz halten.

Markiert ist der Weg mit einem kreisrunden (logisch!) grünen Logo auf weißem Untergrund. Kartenmaterial kannst du dir digital herunterladen, aber gegen einen frankierten Rückumschlag auch analog auf dem Postweg zuschicken lassen. Weitere Infos zu beiden Möglichkeiten findest du auf der Website *www.koelner-gruen.de*

Übrigens: Mit dem *Kölnpfad* gibt es noch einen zweiten Rundwanderweg um die Stadt – allerdings ist der als Mikroabenteuer nur noch mit dem Fahrrad zu machen: Mit 171 Kilometern Länge ist der Radius um einiges größer.

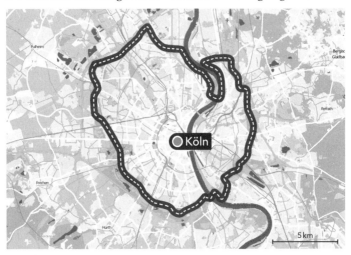

4 | EINE NACHT IN DER ERSTEN REIHE

Direkt in der City mit Blick auf das Herz einer Stadt zu übernachten, das ist ganz selten wirklich umsetzbar (zumindest, wenn du nicht am Straßenrand schlafen willst). In Köln geht es! Auf der rechten Rheinseite im Rheinpark, etwas nördlich des Tanzbrunnens, wirst du mit etwas gutem Willen einen Platz direkt am Rheinufer finden, von dem du einen fantastischen Blick auf den Dom und die Hohenzollernbrücke hast und an dem du dir vorstellen kannst, Schlafsack und Isomatte auszurollen. Weiter flussabwärts, hinter der Zoobrücke, gibt es auf Höhe des Mülheimer Hafens noch ruhigere Stellen, aber da hast du keinen Blick mehr auf den Dom.

Wenn du dein Mini-Lager (das so wirken sollte, als würdest du nur eine Rast machen) direkt am schmalen Strandstreifen aufschlägst, denke daran, dass der Wasserpegel des Rheins auch über Nacht durchaus mal etwas steigen kann und große Schiffe auch nachts Wellen ans Ufer schicken. Du kannst natürlich auch eine Hängematte an den Bäumen befestigen, die zwischen Rheinuferpromenade und Wasser stehen. Damit rückst du zwar etwas näher an den Laufsteg heran, hast aber auch eine noch erhabenere Position.

Bei einem Mikroabenteuer wie diesem gibt es zwei große Herausforderungen: Du musst gedanklich damit klarkommen, dass du nicht die einzige Person im näheren Umkreis bist. Und – das habe ich schon an anderer Stelle beschrieben – du musst einen diskreten Ort zum Pinkeln finden, der nur so weit entfernt ist, dass du dein Zeug noch halbwegs im Blick hast. Mit der Einstellung eines Abenteurers schaffst du beides. Aber beides wird auch leichter, wenn du nicht alleine unterwegs bist. Pflicht: morgens frischen Kaffee kochen, während die aufgehende Sonne den Dom streichelt.

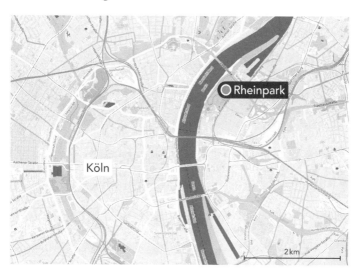

5 | AUFS HOHE VENN

So hoch, so weit – und doch so nah. Das Hohe Venn lässt sich von Köln aus durchaus als Mikroabenteuer machen.

Diese Zweitage-Tour ist landschaftlich ein absoluter Kracher. Das *Hohe Venn* ist ein Hochmoor westlich der Eifel im Grenzgebiet zwischen Deutschland und Belgien. Der weitaus größere Teil des Hohen Venns liegt aber auf belgischer Seite und bildet das größte Naturschutzgebiet des Nachbarlandes. Auch der Botrange, mit 694 Metern höchster Berg Belgiens, liegt im bzw. auf dem Hohen Venn. Die Landschaft hier wirkt fast surreal – so hoch oben und doch so weit.

Da Flora und Fauna im Hohen Venn extrem empfindlich sind, führen hier teilweise hölzerne Stege über die steppenartigen Fächen. Außerdem ist streng reglementiert, auf welchen Wegen du überhaupt gehen darfst. Im *Hohen Venn* gibt es B-, C- und D-Schutzzonen, von denen nur die B-Schutzzonen ohne Führer betreten werden dürfen, und auch das nur tagsüber. Übernachten kannst du in den streng geschützten Bereichen also nicht, aber das ist auch kein Problem: Du hast andere Möglichkeiten. Aber erst noch mal auf Start: Du steigst frühmorgens in Köln in die Regionalbahn nach Aachen, dort in den Bus nach Eupen (Fahrtzeit insgesamt ca. 90 Minuten). Von dort wanderst du südöstlich über die Monschauer Straße aus der Stadt hinaus und rechter Hand über die Binsterkrone ins kleine Tal der Hill, der du dann bis zum Hochmoorgebiet folgst.

Wenn du diesen Teil durchquert hast, gehst du weiter in Richtung des kleinen Ortes Sourbrodt. Vermutlich wird es jetzt an der Zeit sein, über einen Schlafplatz nachzudenken. Deshalb verlässt du die Rue de Bortrange noch bevor du nach Sourbrodt kommst und orientierst dich rechts Richtung *Cascade de Bayehon*. Auf dem Weg zu diesem traumhaften kleinen Wasserfall wirst du sicher eine Stelle entdecken, die sich eignet, um für ein paar Stunden die Augen zu schließen.

Bis hierhin hast du rund 27 Kilometer zu Fuß zurückgelegt und dir spätestens am nächsten Morgen, vielleicht aber auch noch am Abend, ein Bad im Naturpool der *Cascade de Bayehon* verdient. Jetzt sind es noch etwa 15 Kilometer entspannte Wanderung, überwiegend bergab und teilweise auf der stillgelegten Trasse der alten Vennbahn, bis nach Monschau. Von hier kannst du mit dem Bus nach Aachen fahren und von dort mit der Regionalbahn wieder zurück nach Köln (Fahrzeit insgesamt knapp zwei Stunden).

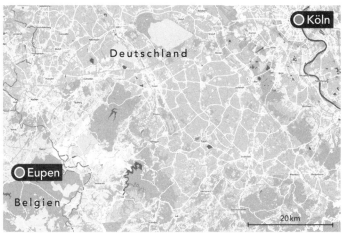

NOCH MEHR IDEEN FÜR KÖLN

// Zum Monte Troodelöh: Erst vor 20 Jahren entdeckten Mitarbeiter der Stadverwaltung nach langer Recherche und beschwerlicher Expedition diese höchste Erhebung des Stadtgebiets im Königsforst, direkt an der Grenze zum Gebiet der Stadt Bergisch Gladbach. Der Monte Troodelöh ist 118 Meter hoch und standesgemäß mit einem Gipfelstein markiert. Hinter ihm geht es zwar noch bis auf 130 Meter hoch, aber da bist du dann schon über die Stadtgrenze hinaus. Der Aufstieg zum Troodelöh ist ein schöner Anlass, den Königsforst genauer unter die Lupe zu nehmen. Wenn du willst, dann natürlich auch mit Übernachtung im Wald. Hin kommst du mit der Straßenbahnlinie 9.

// Auf der Sieg bis in den Rhein: Die Sieg, die am Nordrand Bonns in den Rhein mündet, eignet sich hervorragend für ein entspanntes kleines Abenteuer. Solltest du kein eigenes Boot haben und auch kein aufblasbares Stand-up-Paddle-Board in Köln leihen wollen, kannst du bei *Siegtours* in Eitorf Canadier mieten. Von dort sind es rund 35 Flusskilometer bis zum Rhein. Über einen Rücktransport der Boote aus dem Mündungsbereich in Bonn musst du individuell verhandeln. Neben der Sieg im Süden ist die Wupper im Norden ein schöner Fluss für einen langen Tag auf dem Wasser.

// Mit dem Rad zur schönsten Burg Deutschlands: Burg Eltz wurde im 12. Jahrhundert gebaut und konnte in ihrer langen Geschichte nie gewaltsam eingenommen werden. Die Höhenburg in Rheinland-Pfalz an der Südgrenze der Eifel ist ein wahrlich märchenhaftes Relikt, das in einer landschaftlich sehr attraktiven Gegend liegt. Also einfach mal hin, und zwar mit dem Rad: vom Kölner Dom am Rhein entlang bis nach Andernach, dann über Ochtendung und Polch bis zur Burg Eltz. In den anliegenden Wäldern findet sich sicher ein Plätzchen für die Nacht. Dann weiter zur Mosel runter und an ihrem Ufer entlang bis nach Koblenz, von dort aus mit der Regionalbahn zurück nach Köln. Bis zur Burg Eltz sind es rund 110 Kilometer, von dort bis nach Koblenz etwa 50.

// Ein Tag an der Ahrschleife: Mit der Regionalbahn nach Altenahr und von dort aus einen Tag rund um die Ahrschleife verbringen. Die Ahr schlängelt sich hier wie gemalt urstromartig durch die bewaldeten Hügel. Auf Teufelsley und Engelsley liegen schöne Aussichtspunkte, an den Kiesbänken im Fluss kannst du dich ausruhen und erfrischen.

Urwald um die Ecke: DIe Ahrschleife bei Altenahr wirkt besonders eindrucksvoll, wenn du sie aus der Vogelperspektive betrachtest.

WEITERE INFOS FÜR KÖLN

// Naturschutzgebiete: Die kreisfreie Stadt und der Kreis Köln haben insgesamt 22 Gebiete als Naturschutzgebiete ausgewiesen. Eine Übersicht über diese Gebiete und alle anderen im Regierungsbezirk Köln findest du unter diesem Link:

http://nsg.naturschutzinformationen.nrw.de/
nsg/de/fachinfo/gebiete/kreise/koeln

Dort gibt es auch Karten zu den einzelnen Gebieten sowie Informationen zu Artenvielfalt und Schutzmaßnahmen, allerdings keine detaillierten Naturschutzverordnungen. Was genau du wo darfst, musst du also den Beschilderungen vor Ort entnehmen – oder bei der Naturschutzbehörde erfragen. Die sitzt in Köln im Stadthaus Deutz.

// Wälder und Forste: Behördlich haben die Kölner Wälder eine schlanke Struktur. Es gibt keine große Zahl von Revierförstereien, sondern zwei Forstbetriebsbezirke mit einigen wenigen Außenstellen. Wenn du Fragen rund um den Wald hast, zum Beispiel, wo du was darfst und wann eventuell Jagdzeit ist, musst du also nur wissen, ob der Wald, um den es geht, rechts oder links vom Rhein liegt – und die entsprechende Nummer wählen (siehe Kasten Seite 229). Die beste Anrufzeit ist übrigens jeweils montags bis freitags zwischen 07:30 und 8:00 Uhr.

// Outdoor-Shops: Die Auswahl an Fachgeschäften, die mehrere Outdoormarken im Sortiment führen, ist übersichtlich. Platzhirsch ist *Globetrotter Ausrüstung* in der Richmodstraße zwischen Neumarkt und Appellhofplatz. Der Lokalmatador *Muskelkater Sport* hat Filialen in der Aachener Straße und in der Berrenrather Straße in Sülz – und ist für seine Sonderangebote bekannt. Ein reiner Outdoorspezialist ist *Muskelkater* aber nicht. *McTrek Outdoor Sports* findest du auf dem Hohen-

Forstbetriebsbezirk linksrheinischer Wald
Telefon 0221 / 799520
forstrevier-weiler@stadt-koeln.de

Wälder: städtischer Wald im linksrheinischen
Stadtgebiet, Wildpark Lindenthal, Erholungs-
gebiet Leidenhausen, Forstbotanischer Garten
und Friedenswald

Forstbetriebsbezirk rechtsrheinischer Wald
Telefon 0221 / 601307
forstrevier-duennwald@stadt-koeln.de

Wälder: städtischer Wald im rechtsrheinischen
Stadtgebiet, Wildpark Dünnwald und
Wildgehege Brück

staufenring zwischen Rudolf- und Zülpicher Platz sowie in
der Siegburger Straße in Deutz. In der Neusser Straße in Nip-
pes sitzt der kleine, aber feine Outdoor-Laden *Yaluta*. Auch
die *Kölner Jadghütte* in Ossendorf hat gute Draußen-Ausrüs-
tung, allerdings mit Fokus auf die Jagd. Die großen Sporthäuser *SportScheck* (Innenstadt) und *Decathlon* (Marsdorf) haben
eigene Outdoor-Abteilungen, und natürlich findest du wie in
ganz Deutschland die eine oder andere *Jack Wolfskin*-Filiale in
der Stadt. In Bonn betreibt *Globetrotter* ein Outlet.

// SUP, Kajak und Kanu: Kanu- und Kajakverleihstationen
gibt es direkt in Köln nicht. Dafür ist der Rhein dann doch
zu wenig massentauglich, was Freizeit-Wasseraktivitäten betrifft (die ja immer auch Jungesellenabschiede und Co bedie-
nen). Stand-up-Paddle-Boards bekommst du aber von Früh-
jahr bis Herbst am Fühlinger See. **Die Anbieter findest du
in der Beschreibung der Mikroabenteuer-Idee »Auf dem
Rhein nach Hause« auf Seite 226.**

// **Radfahren:** Neben Routenplanungsapps wie *outdooractive* und *komoot* (siehe dazu auch Seite 111) kannst du für das Kölner Umland und NRW auch folgende Portale nutzen, um nach Ideen zu suchen und Strecken online zu recherchieren:

www.radroutenplaner.nrw.de
www.radregionrheinland.de

Mit dem Rad bist du in Köln ruckzuck raus aus dem Stress und drin im Mikroabenteuer. Einfach losfahren ist oft der beste Plan.

MIKROABENTEUER IN UND UM FRANKFURT

Frankfurt am Main wird nach wie vor extrem unterschätzt – zumindest von den Menschen, die nicht in der Stadt leben. Ich habe selbst lange sehr skeptisch auf diese Stadt geguckt, die vor allem für ihre Banken und den Flughafen bekannt ist. Das ist ja nicht gerade das, was dich anmacht, wenn du Lust auf Outdoor-Erlebnisse vor der Haustür hast. Aber: Über die Hälfte der Stadtfläche sind grüne Freiräume und Wasser. Es gibt hier 40 Parks sowie 50 Teiche, Seen und Tümpel. Die direkte Umgebung Frankfurts mit dem Taunus, dem Odenwald und dem Maintal ist sowieso mehr als einladend für alle möglichen Abenteuer-Touren.

Wenn du in Frankfurt wohnst, weißt du das natürlich längst. Aber wann warst du zum letzten Mal eine Nacht da draußen? Wann hast du zuletzt einen ganzen Tag einfach nur im Wald gelegen – oder bist dort von morgens bis abends an deine Grenzen gegangen? Wie weit bist du den Main schon im Kajak flussabwärts gepaddelt? Auf den folgenden Seiten findest du Ideen sowie weitere nützliche Informationen für Mikroabenteuer in und um Frankfurt.

Was die Verordnungen für die verschiedenen Naturschutzgebiete in der Gegend betrifft, gibt es übrigens eine Besonderheit: Sie sind online nicht auffindbar. Du kannst sie beim Regierungspräsidium in Darmstadt einsehen, aber ganz ehrlich: Wer macht das schon, bevor er in die Natur startet? Generell ist es sehr schwierig, verlässliche Informationen zu finden, was zum Beispiel das Lagern in Naturschutzgebieten in Frankfurt und Umgebung betrifft. In einem offiziellen Informationsblatt des Naturparks Taunus heißt es etwa, das Übernachten im Wald sei verboten. Auf welcher rechtlichen Grundlage dieses vermeintliche Verbot steht, konnte mir dort auf Nachfrage aber niemand sagen. Deshalb hilft nur eins: Vor Ort ganz genau auf die Beschilderung achten – und natürlich (wie immer und überall!) respektvoll mit der Natur umgehen und den Menschen, die den offiziellen Auftrag haben, ihren Schutz durchzusetzen, genauso respektvoll begegnen (siehe »Ehrenkodex« auf Seite 133).

1 | ALTKÖNIG-SUNRISE

Auf dem Feldberg ist es bei schönem Wetter schnell rappelvoll.
Deshalb: frühmorgens schon da sein oder einen der Berge
in der näheren Umgebung wählen, zum Beispiel den Altkönig.

Der Altkönig ist mit 798 Metern der dritthöchste Berg im Taunus und einer der Hausberge der Frankfurter. Im Gegensatz zum Großen Feldberg und Kleinen Feldberg, die beide etwas höher sind, führen auf den Gipfel des Altkönigs aber nur Wanderwege, keine Straßen. Außerdem ist der Altkönig dem Feldberg etwas vorgelagert und bietet die beste Sicht auf Frankfurt – vorausgesetzt, es ist nicht trüb oder neblig.

Unberührte Wildnis findest du natürlich auch auf dem Altkönig nicht, aber die Chance auf eine ruhige Ecke ist hier durchaus gegeben. Spätestens nach Sonnenuntergang ziehen die Tagestouristen sowieso ab. Ob du dich dann schlafen legst oder sehr früh am Morgen erst aufsteigst – dein Moment ist der Sonnenaufgang: Frühmorgens taucht die Sonne das dir zu Füßen liegende Maintal nämlich oft in wunderschönes Licht. Vom Altkönig hast du einen tollen Blick darauf.
Aus der Frankfurter City nimmst du die S-Bahn-Linie 4 und

fährst in 22 Minuten bis Kronberg. Von dort aus wanderst du über das *Naturschutzgebiet Hinterste Neuwiese*, den Hünerberg, das *Naturschutzgebiet Hünerbergwiesen* zur Weißen Mauer, einem riesigen Feld aus Quarzitblöcken, die in der Sonne hell glänzen (daher der Name »Weiße Mauer«). Von hier aus geht es dann auf den Altkönig. Diese Tour ist mit rund 10 Kilometern etwa doppelt so lang, aber deutlich schöner als der direkte Weg von Kronberg auf den Altkönig. Auch auf dem Altkönig selbst liegen Steinblöcke aus Quarzit in zwei eindrucksvollen Ringen um den Gipfel. Diese Ringwälle sind Überreste einer keltischen Siedlung oder Festung aus der Zeit circa 400 Jahre vor Christus.

Übrigens: Als großes »Problem« werden im *Naturschutzgebiet Altkönig* und im Taunus generell immer wieder Mountainbiker genannt, die rücksichtslos »querfeldein« fahren. Für Besucher des Altkönigs – ob Mountainbiker oder Wanderer – ist es mittlerweile allerdings auch gar nicht mehr so einfach, zu erkennen, ob er sich gerade auf einem offiziellen Weg oder einem »illegalen« Trail befindet. Deshalb noch einmal: Vor Ort auf die Beschilderung achten!

Wenn du dich frisch machen willst, bevor du wieder zurück in die Stadt fährst, kannst du das an der Wassertränke zwischen Hünerberg und *Naturschutzgebiet Hinterste Neuwiese* tun. Ein Frühstück bekommst du in Kronenberg.

2 | HEIMWÄRTS AUF DEM MAIN

Der Main ist ein Muss für ein Frankfurter Mikroabenteuer. Und weil es so schön ist, aus eigener Kraft nach Hause zu kommen, beginnt dieses in Aschaffenburg – entweder mit dem Stand-up-Paddle-Board oder dem Faltkajak. Ich bevorzuge diese beiden Wassersport-Vehikel, weil ich sie in Bus und Bahn transportieren kann. Würde ich mein SUP-Board oder Kajak mit dem Auto an den Startpunkt transportieren, würde ich zum einen gegen meine ganz persönlichen Mikroabenteuer-Regeln verstoßen, zum anderen müsste ich mich darum kümmern, wie mein Auto wieder zurückkommt. Weniger ist manchmal also wirklich mehr.

SUP-Boards kannst du im Frankfurter Raum am besten bei den Stationen von *Main SUP* in Frankfurt, Offenbach oder Aschaffenburg mieten (*www.main-sup.de*). *Main SUP* hat allerdings eine Vereinbarung mit dem Wasserschifffahrtsamt und der Wasserschutzpolizei, Boards nur nach einem Einweisungskurs zu vermieten – der Main ist schließlich Bundeswasserstraße. *Main SUP* kann die Boards (keine Personen!) auch zwischen den Verleihstationen hin und her transportieren, einfacher ist es aber, ein aufblasbares Board zum Beispiel in Frankfurt zu mieten, es in Aschaffenburg aufzupumpen, von Aschaffenburg nach Frankfurt zu paddeln und in Frankfurt wieder abzugeben.

Kanus und Kajaks mietest du, wenn du keine Touristen-, sondern Wassersportpreise willst, in Frankfurt am besten bei *Kanu-Schalles* im Stadtteil Harheim (*www.kanu-schalles.de*). Bei Kajaks hast du allerdings generell meist das Problem, das selten faltbare Modelle zum Verleih stehen. Aber: Über einen Transport kannst du immer verhandeln.

Wenn du von Frankfurt aufbrichst, dann geht's am besten samt Ausrüstung vom Hauptbahnhof mit der Regionalbahn innerhalb von 40 Minuten direkt nach Aschaffenburg. Dort ist es nicht weit vom Bahnhof ans Mainufer unterhalb des Schlosses Johannisburg, wo du eine Boot-Slip-Anlage für Kajaks findest, aber auch (oft etwas entspanntere) Einsatzstellen mit Treppen und etwas weiter flussabwärts kurz hinter der Willigisbrücke die Station von *Main SUP*.

Auf den rund 45 Kilometern bis zur Station von *Main SUP* kurz vor der Osthafenbrücke in Frankfurt warten mehrere Schleusen, die du aber gut umtragen kannst. Erfahrene Paddler können natürlich auch schleusen – vorausgesetzt, der Schleusenwärter macht das mit.

Der Main fließt relativ langsam, gibt aber kontinuierlich ein bisschen Schub, sodass die Strecke tatsächlich an einem Tag zu schaffen ist. Das bedeutet aber definitiv: Früh los und keine allzu langen Pausen! Dieses Mikroabenteuer lebt nicht in erster Linie von spektakulärer Landschaft oder uriger Atmosphäre, sondern von einem ganz neuen Blick auf die Orte, die du passierst. Außerdem wird dich nach der Tour jeder ungläubig fragen: »Von Aschaffenburg? Auf dem Main?« Der Beamte der *Wasserschutzpolizei Frankfurt*, mit dem ich während der Recherche für dieses Buch telefoniert habe, um noch einmal ein paar rechtliche Details zu erfahren, sagte mir auch: »Also verboten ist es nicht, aber ich kann das nicht nachvollziehen, da paddeln zu wollen. Warum fahren Sie nicht mit dem Fahrrad? Am Main entlang gibt es einen tollen Fahrradweg.« Herzlichen Dank, jetzt erst recht!

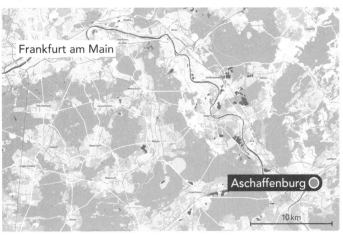

3 | ZU FUSS RUND UM DIE CITY

Ausgezeichnet! Das *Wandermagazin* kürte den Frankfurter Grüngürtel zum besten Metropolen-Wanderweg Deutschlands.

Der Grüngürtel verläuft ringförmig um das Kerngebiet Frankfurts. Auf insgesamt 68 Kilometern kannst du (meist mehr, nur manchmal auch weniger) naturnah um die Stadt wandern. Die Stadt verleiht dir sogar eine goldene Anstecknadel, wenn du dir an allen neun extra dafür installierten Stationen einen Stempel in deinen Wanderpass drückst.

Wo du startest, ist im Prinzip völlig egal – es ist ja ein Rundweg. Ein schöner Ort fürs Kick-off ist die Wörthspitze an der Nidda-Mündung in den Main (Tram-Linie 11, Haltestelle Tillystraße). Die Stadt Frankfurt empfiehlt und beschreibt auf ihrer Website acht Etappen mit Anbindung an den Nahverkehr und jeweils 7 bis 9 Kilometern Länge.

Der *GrünGürtel-Rundwanderweg* verbindet die »wilden« Höhepunkte im Frankfurter Stadtgebiet: die Nidda-Auen, das Oberräder Gärtnerland, den Fechenheimer Mainbogen, den Berger Rücken mit der Berger Warte als höchstem Punkt des Stadtgebiets, die Schwanheimer Dünen, alte Eichen, geheimnisvolle Tümpel – und immer wieder neue Perspektiven auf die markante Skyline der Innenstadt. Damit aus dieser Tour ein echtes Abenteuer wird, solltest du sie entweder am Stück gehen (du wirst dann höchstwahrscheinlich auch eine Zeit lang im Dunkeln unterwegs sein und eine Stirnlampe brauchen) oder an zwei Tagen, mit einer Übernachtung im Freien – zum Beispiel auf dem Berger Rücken.

Wo genau du einen Schlafplatz findest, hängt von deinen persönlichen Vorlieben und den aktuellen Bedingungen ab. Du solltest deine Ansprüche aber nicht zu hoch setzen. Wenn du nichts findest, was dir wenigstens irgendwie machbar erscheint, dann bleibe einfach wach. Abbrechen und nach Hause ins warme Bett flüchten, zählt nicht!

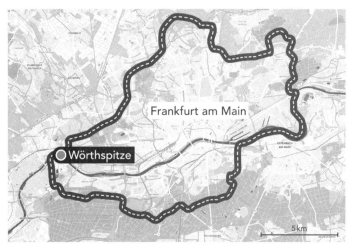

4 | FRÜHSTÜCK IN FRANKREICH

Auch wenn ich mich wiederhole: Ein wichtiges Kriterium des Mikroabenteuers ist für mich das Querdenken. Also warum nicht einfach die Sehnsucht nach einem »Taxi nach Paris« umdefinieren und mit dem Rad zum Frühstück ins Nachbarland fahren? Ist nicht direkt um die Ecke, aber auch gar nicht so weit weg! Die Stadt Wissembourg liegt direkt hinter der

Grenze, dort, wo die Rheinebene in die Vogesen übergeht, und ist von der Frankfurter Innenstadt rund 160 Kilometer entfernt – auf Wegen, die gut mit dem Fahrrad machbar sind. Selbst wenn du nicht der absolute Fahrrad-Crack bist, kannst du diese Tour an einem Tag und einer Nacht mit ausreichend Pausen schaffen. Und warme Croissants mit einem guten »Café au lait« in einem gemütlichen französischen Bistro sind doch ein lohnendes Ziel, oder? In der Altstadt von Wissembourg (auf deutsch: Weißenburg) gibt es einige davon – außerdem mehrere wirklich hervorragende Patisserien.

Zurück kommst du von Wissembourg aus mit der Regionalbahn bis Frankfurt Hauptbahnhof in etwa drei Stunden. Es gibt je nach Abfahrtzeit verschiedene Verbindungen. In Wissembourg hält auch der französische Schnellzug TGV Richtung Deutschland – allerdings ist hier die Fahrradmitnahme (genau wie im deutschen ICE) verboten.

Für eine Nachtfahrt empfehle ich dir, bei der konkreten Routenplanung über *outdooractive* oder *komoot* (**mehr zu diesen Apps auf Seite 111**) die Einstellung »Rennrad« zu wählen. Du bekommst dann einen Streckenvorschlag, der so gut wie möglich über befestigte Straßen führt. »Mountainbike« geht natürlich auch, aber dann bist du deutlich länger unterwegs und musst verdammt gut aufpassen, um in der Dunkelheit sicher über die Trails zu kommen. On y va!

241

5|ENTLANG DER WISPER BIS ZUM RHEIN

Auch wenn es manchmal ganz schön ist, nichts zu müssen und sich einfach ganz entspannt in ein Abenteuer hineinfallen zu lassen, so hilft es doch hin und wieder, eine ganz konkrete persönliche Mission zu haben. Viele von uns ticken einfach in Herausforderungen. Allerdings solltest du auch die nicht annehmen müssen, sondern wollen! Einen Fluss von seiner Quelle bis zur Mündung entlangzuwandern, kann so eine Herausforderung sein.

Von Frankfurt aus eignet sich dazu die touristisch noch relativ unentdeckte Wisper, die bei Mappershain in der Nähe von Bad Schwalbach entspringt und nach ungefähr 30 Kilometern im Ort Lorch in den Rhein mündet. In dieser Ecke gibt es zwar ein rudimentäres Wanderwegenetz mit *Wispertalsteig* (*www.wispertalsteig.de*), *Wisper-Wanderweg* und einer Route von Bad Schwalbach nach Lorch. Den Weg (so gut es eben geht!) immer an der Wisper entlang musst du dir aber selbst erschließen. Er wird dich auf einem Stück auch direkt an einer Landstraße entlangführen, die bei Motorradfahrern sehr beliebt ist, mittlerweile aber eine Geschwindigkeitsbegrenzung auf 60 km/h hat. Wenn du draußen übernachten willst, bietet sich der Aussichtspunkt auf dem Werkerkopf an, der ungefähr auf halber Strecke liegt.

Die Quelle der Wisper bei Mappershain erreichst du vom Frankfurter Hauptbahnhof aus in ungefähr zwei Stunden mit S-Bahn (bis Wiesbaden) und Bus (Wiesbaden–Bad Schwalbach und Bad Schwalbach–Mappershain). Von Lorch bist du sogar in 80 Minuten ohne Umsteigen wieder zurück am Frankfurter Hauptbahnhof.

Übrigens: Im ersten Viertel der Strecke liegt der schöne kleine Wispersee, der dazu einlädt, ein kurzes Bad zu nehmen. Leider ist das hier aber verboten. Der See ist fest in Anglerhand. Möglichkeiten, dich zu erfrischen, wirst du trotzdem immer wieder finden. Dein Begleiter auf dieser Tour ist schließlich ein Fluss.

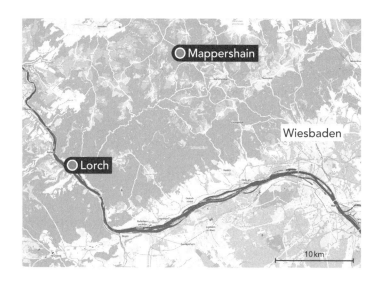

NOCH MEHR IDEEN FÜR FRANKFURT

// Zum Mittelpunkt Deutschlands: Das thüringische Niederdorla ist nicht sonderlich aufregend, aber etwa 500 Meter nördlich des Ortes liegt der geografische Mittelpunkt Deutschlands. Und das ist schon etwas Besonderes. Mit dem Rad sind es vom Frankfurter Hauptbahnhof bis nach Niederdorla rund 220 Kilometer – zwei Tagestouren oder ein Hardcore-Ritt. Auch ein schönes Ziel: Deutschlands ältester Baum, die über 1.000 Jahre alte Linde von Schenklengsfeld bei Bad Hersfeld, rund 130 Kilometer von Frankfurt entfernt.

// Sonnenaufgang auf der Milseburg: 20 Kilometer entfernt von Fulda liegt die »Perle der Rhön«, die Milseburg. Der 835 Meter hohe Berg mit seinen Felsflächen erhebt sich markant aus der Umgebung. Auf dem Gipfelplateau gibt es zwar durchaus ein bisschen »Touristen-Programm« in Form von Kappelle, keltischen Ringwällen und Milseburg-Hütte, aber wenn es dunkel wird, wird es auch leer – und außerdem kannst du dich ja auch nach einem ruhigeren Plätzchen auf dem Berg umsehen. Nur bitte die Hinweise zum Verhalten beachten: Der komplette Berg ist Naturschutzgebiet.

// Schwimmen im Main? Klingt verlockend, ist zwischen Flößerbrücke und Friedensbrücke aber verboten. Wer da erwischt wird, den holt die Wasserschutzpolizei direkt raus. Außerhalb dieser Bereiche ist das Schwimmen im Main grundsätzlich erlaubt, du könntest dir theoretisch also eine Strecke suchen, die du flussabwärts schwimmen willst. Die Strömung ist meist relativ gering (aber natürlich trotzdem nicht zu unterschätzen!). Wichtig ist eine leuchtende Badekappe, eventuell sogar eine Boje zum Hinterherziehen (mehr zum Freiwasserschwimmen auf Seite 100). Großes Kontra ist allerdings der Hinweis des Gesundheitsamts auf das »hohe Infektionsrisiko« in Main und Nidda.

// Zurück in die Stadt! Ein simples Mikroabenteuer für neue Perspektiven auf die Stadt: Mit der S-Bahn-Linie 6 vom Hauptbahnhof bis zur Endstation Friedberg, von dort zu Fuß wieder retour. Das sind rund 30 Kilometer, also eine gute Strecke für ein Tages-Mikroabenteuer. Diese Idee lässt sich natürlich auch auf andere S-Bahn-Linien anwenden.

// Die Nidda mit dem Fahrrad: Von der Quelle der Nidda am Hoherodskopf hinter Schotten bis zur Mündung des Flusses in den Main führt die *Niddaroute*. Die insgesamt knapp 100 Kilometer direkt am Ufer entlang eignen sich perfekt für ein Tagesabenteuer: mit der Bahn hin, auf dem Rad zurück. Die Tour ist aber auch als Marsch von zwei bis drei Tagen denkbar. *www.niddaroute.de*

// Ausoniusweg von Bingen nach Trier: Der nach dem römischen Gelehrten Ausonius benannte Wanderweg führt zum Teil auf alten Trassen der Römer einmal durch den Hunsrück. Es ist belegt, dass diese Verbindung seit dem 11. Jahrhundert auch von Pilgern auf ihrem Weg nach Santiago de Compostela genutzt wurde. Deshalb ist der Ausoniusweg auch als Hunsrücker Jakobsweg bekannt. Von Bingen am Rhein bis Trier sind es rund 120 Kilometer.

WEITERE INFOS FÜR FRANKFURT

// Wälder und Revierförstereien: Mit 5.000 Hektar ist der *Frankfurter Stadtwald* der größte innerstädtische Forst Deutschlands. Neben dem Stadtwald gibt es in Frankfurt aber noch sieben weitere Wälder. Die *Untere Forstbehörde* der Stadt, auch Stadtforst genannt, betreibt sechs Revierförstereien. Hier findest eine Übersicht inklusive Telefonnummern:

Försterei Oberrad: Telefon 069 / 96860110
Försterei Sachsenhausen: Telefon 06102 / 432705
Försterei Niederrad: Telefon 069 / 96741570
Försterei Goldstein: Telefon 069 / 66119474
Försterei Schwanheim: Telefon 069 / 35353542
Försterei Fechenheim: Telefon 069 / 40800605

// Naturschutzgebiete: Wie bereits erwähnt, sind die einzelnen Naturschutzverordnungen für Frankfurt und Umgebung nicht online, sondern nur vor Ort im Regierungspräsidium Darmstadt einsehbar. Eine Online-Karte mit Lage und Namen der Naturschutzgebiete findest du aber im *Hessischen Naturschutzinformationssystem*: *http://natureg.hessen.de*

// Radtouren planen: Neben den deutschlandweit hilfreichen Routenplanungs-Programmen wie *outdooractive* und *komoot* gibt es für den Frankfurter Raum und ganz Hessen das interaktive Tool *https://radroutenplaner.hessen.de*

// SUP & Kajak: Für das Stand-up-Paddeln hältst du dich am besten an *Main SUP* mit Stationen in Frankfurt, Offenbach, Mainflingen-Seligenstadt und Aschaffenburg (*www.main-sup.*

de). Alternativ bietet auch der *Frankfurter SUP Sportverein e.V.* am Yachtklub an der Alten Brücke (gegenüber Deutschherrnufer 12) Kurse und Leihboards an (*www.sup-yachtklub.de*). Für Kanu und Kajak ist *Kanu Schalles* in Harheim am Eschbach, nur 500 Meter von der Nidda entfernt, die erste Anlaufstelle (*www.kanu-schalles.de*). Alternativ kannst du zu happigen Preisen bei *AquaFun* in Hanau Kanus leihen. Die Station an der Mündung der Kinzig in den Main verleiht auch Tret- und Motorboote (*www.aquafun.de*).

// Outdoor-Shops: Bekleidung und Equipment von verschiedenen Marken haben *Globetrotter Ausrüstung* in der Grusonstraße im Ostend, der Bergsportspezialist *Alpinbasis* in der Großen Friedbergstraße an der S-Bahn-Station Konstablerwache und *McTrek Outdoor Sports* in der Hanauer Landstraße im Sortiment. *McTrek* betreibt außerdem Filialen in Eschborn, Isenburg und Bruchköbel, wo die Deutschland-Zentrale zu Hause ist. Übrigens: Auch die Zentrale des Outdoor-Riesen *Jack Wolfskin* sitzt ganz in der Nähe: in Idstein. Einen Direktverkauf gibt es dort aber nicht. In der Konrad-Adenauer-Straße in der Altstadt findest du den gut sortierten Army-Shop *Nato Shop*.

Die Nidda bei Frankfurt: flussaufwärts auf einmal richtig wild.

Die Marken *Mammut, The North Face, Jack Wolfskin, Schöffel* und *Odlo* haben eigene Brand-Stores in der Frankfurter Innenstadt. Outlets findest du in Limburg an der Lahn (*Biwak Bike und Outdoor Zentrum*) und im Outlet-Village Wertheim (u.a. *Mammut, Odlo, Jack Wolfskin, Salomon, Salewa*).

EVENTS

Wenn du dieses Buch bis hierhin zumindest quergelesen hast, wirst du festgestellt haben, dass sich tatsächlich viele Anlässe für Mikroabenteuer finden (die nüchtern betrachtet mal mehr, mal weniger »Sinn« machen, aber darum geht es ja gar nicht). Auch öffentliche Veranstaltungen können solche Anlässe sein. Deshalb findest du hier eine Auswahl an Events, die so herausfordernd oder besonders sind, dass du sie dir genauer ansehen solltest.

// Der Megamarsch ist eine Eventreihe, die Ultra-Wanderungen in und um deutsche Großstädte anbietet. Die Idee: 100 Kilometer in 24 Stunden wandern, bei einigen Veranstaltungen auch 50 Kilometer in 12 Stunden.
www.megamarsch.de

// Der Mammutmarsch hat im Prinzip das gleiche Konzept wie der Megamarsch, die Veranstaltungen sind allerdings etwas übersichtlicher, was die Anzahl der Austragungsorte und die Teilnehmerzahl betrifft.
www.mammutmarsch.de

// Die 24h Trophy ist eine Wanderevent-Reihe, die schon etwas etablierter ist als die in den Städten sehr erfolgreichen »Frischlinge« Megamarsch und Mammutmarsch. Die Veranstaltungen der 24h Trophy finden in klassischen Wandergebieten statt.
www.24h-trophy.de

// 24h Burgenland Extrem Tour
Großartiger Wander-, Lauf und Radfahrevent rund um den Neusiedler See in Österreich (60-Kilometer und 120-Kilometer-Strecken zu Fuß, 360 Kilometer mit dem Rad).
www.24stundenburgenland.com

// **Hindernisläufe:** Lauf-Wettkämpfe, bei denen es durch Matsch, tiefen Sand und über alle möglichen Arten von Hindernissen inklusive Hangelpartien geht, sind seit einigen Jahren so etwas, was man wohl einen Megatrend nennt. Ich kann mich noch daran erinnern, vor wahrscheinlich zehn Jahren als Redakteur der *Fit for Fun* an einem der ersten Events des *Strongman Run* teilgenommen zu haben. Heute gibt es so viele Veranstalter und Konzepte, dass es den Rahmen sprengen würde, sie hier alle aufzulisten. Die größten sind folgende:

Tough Mudder
Das Original aus den USA.
www.toughmudder.de

Spartan Race
Mehr ein Gladiatoren-Fitness-Wettkampf
als ein reiner Hindernislauf.
www.spartan.com

Xletix
Mehrere Challenges in ganz
Deutschland, eine in Tirol.
www.xletix.com

Strongman Run
Der Klassiker in Deutschland.
www.strongmanrun.de

Muddy Angel Run
Europas erster Schlammlauf nur für Frauen.
www.muddyangelrun.com

// Schwimmveranstaltungen: Freiwasserschwimmen wird zwar auch in Deutschland immer beliebter, hängt aber immer noch weit hinter Lauf-, Fahrrad- und Triathlonveranstaltungen zurück. Hier findest du eine kleine Auswahl schöner Events, die (noch) nicht jedes Jahr direkt nach Anmeldestart ausgebucht sind. Mehr unter *www.schwimmkalender.de*

Traditionelles Aschaffenburger Osterschwimmen

Im Main. Organisiert von der Wasserwacht des Bayrischen Roten Kreuzes.
www.osterschwimmen-aschaffenburg.de

Inselschwimmen der DLRG Samtens

In der Ostsee, von Hiddensee nach Rügen.
www.samtens.dlrg.de

Internationales Müggelseeschwimmen

3,5 Kilometer durch den Müggelsee.
www.tib1848ev.de

ANHANG

DIE NATIONALPARKS DEUTSCHLANDS

Nationalpark Bayrischer Wald
Nationalpark Berchtesgaden
Nationalpark Schleswig-Holsteinisches Wattenmeer
Nationalpark Niedersächsisches Wattenmeer
Nationalpark Hamburgisches Wattenmeer
Nationalpark Jasmund
Nationalpark Müritz
Nationalpark Sächsische Schweiz
Nationalpark Unteres Odertal
Nationalpark Vorpommersche Boddenlandschaft
Nationalpark Hainich
Nationalpark Eifel
Nationalpark Kellerwald-Edersee
Nationalpark Harz
Nationalpark Schwarzwald
Nationalpark Hunsrück-Hochwald

Rechts findest du eine Deutschlandkarte,
in der die oben genannten Nationalparks
eingezeichnet sind.

// Schutzgebiete in Deutschland: Es gibt so viele Natur-
und Landschaftsschutzgebiete sowie weitere geschützte
Räume, dass es unmöglich ist, sie hier aufzulisten oder auf
einer starren Karte zu zeigen. Zum Glück existiert eine sehr
gute interaktive! Unter folgendem Link sind die Schutzgebiete in Deutschland verzeichnet:

www.geodienste.bfn.de/schutzgebiete

Gut verteilt: die Nationalparks in Deutschland auf einen Blick.

REVIERFÖRSTEREIEN IN BERLIN

// Forstamt Grunewald

Revierförsterei Dachsberg
andreas.constien@senuvk.berlin.de, Telefon 030 / 8136105

Revierförsterei Saubucht
martin.nauendorff@senuvk.berlin.de, Telefon 030 / 3043242

Revierförsterei Eichkamp
klaus.micknaus@senuvk.berlin.de, Telefon 030 / 3026846

Revierförsterei Wannsee
arno.maximini@senuvk.berlin.de, Telefon 030 / 8035368

Revierförsterei Dreilinden
heinrich.kiso@senuvk.berlin.de, Telefon 030 / 8037730

Revierförsterei Nuthe
hubert.reischmann@senuvk.berlin.de, Telefon 03378 / 5362919

// Forstamt Köpenick

Revierförsterei Teufelssee
silvia.knoefel-mosch@senuvk.berlin.de, Telefon 030 / 6540083

Revierförsterei Rahnsdorf
dieter.peth@senuvk.berlin.de, Telefon 030 / 6489348

Revierförsterei Müggelsee
josef.vorholt@senuvk.berlin.de, Telefon 030 / 6455249

Revierförsterei Friedrichshagen
jan.grotheer@senuvk.berlin.de, Telefon 030 / 6455212

Revierförsterei Fahlenberg
george.majumder@senuvk.berlin.de, Telefon 030 / 65940693

Revierförsterei Müggelheim
andreas.scheller@senuvk.berlin.de, Telefon 030 / 6598960

Revierförsterei Schmöckwitz
hubert.wehner@senuvk.berlin.de, Telefon 030 / 6758009

Revierförsterei Grünau
ulrike.kreplin@senuvk.berlin.de, Telefon 030 / 6743231

Revierförsterei Wuhlheide
stefan.voigt@senuvk.berlin.de, Telefon 030 / 5328706

// Forstamt Pankow

Revierförsterei Lanke
klaus.meier-giesecke@senuvk.berlin.de, Telefon 03337 / 4306510

Revierförsterei Buch
olaf.zeuschner@senuvk.berlin.de, Telefon 030 / 9495600

Revierförsterei Blankenfelde
bodo.janitza@senuvk.berlin.de, Telefon 030 / 47498810

Revierförsterei Ützdorf
jens.krueger@senuvk.berlin.de, Telefon 033397 / 81888

Revierförsterei Prenden
carolin.mueller@senuvk.berlin.de, Telefon 03337 / 4306520

Revierförsterei Gorin
ingmar.preusse@senuvk.berlin.de, Telefon 030/47411904

Revierförsterei Albertshof
joerg.g.henning@senuvk.berlin.de, Telefon 03338/706999

// Forstamt Tegel

Revierförsterei Hermsdorf
johannes.mueller@senuvk.berlin.de, Telefon 030/4047925

Revierförsterei Tegelsee
frank.mosch@senuvk.berlin.de, Telefon 030/4338790

Revierförsterei Spandau
oliver.schuppert@senuvk.berlin.de, Telefon 030/3754600

Revierförsterei Stolpe
peter.cyriax@senuvk.berlin.de, Telefon 03303/402807

Revierförsterei Gatow
frank.fielicke@senuvk.berlin.de, Telefon 030/3655976

Revierförsterei Wansdorf
christoph.holstein@senuvk.berlin.de, Telefon 033231/60837

REVIERFÖRSTEREIEN IN HAMBURG

Revierförsterei Niendorfer Gehege
sven.wurster@eimsbuettel.hamburg.de
Telefon 040/585553

Revierförsterei Bergedorf
tim.laumanns@bergedorf.hamburg.de
Telefon 040/7201030

Revierförsterei Volksdorf
revierfoersterei-volksdorf@wandsbek.hamburg.de
Telefon 040/6035380

Revierförsterei Eißendorf
revierfoersterei-eissendorf@harburg.hamburg.de
Telefon 040/7603546

Revierförsterei Wohldorf-Ohlstedt
revierfoersterei-wohldorf-ohlstedt@wandsbek.hamburg.de
Telefon 040/60561194

Revierförsterei Hausbruch
revierfoersterei-hausbruch@harburg.hamburg.de
Telefon 040/7962287

Revierförsterei Duvenstedter Brook
revierfoersterei-duvenstedter-brook@wandsbek.hamburg.de
Telefon 040/60761148

Revierförsterei Klövensteen
wildgehege-kloevensteen@altona.hamburg.de
Telefon 04101/693201

REVIERFÖRSTEREIEN IN MÜNCHEN

Revierförster Thomas Mayr
Telefon 089 / 85609834
Wälder: Angerlohe, Baierbrunn, Buchenhain,
Fürstenried-Großhadern, Gräfelfing, Isarhang-
Großhesselohe, Langwied, Lochhausen, Lochholz-
Untermenzing, Possenhofen, Riem, Sendling, Starn-
berg-Harkirchen, Starnberg-Schmalzhof

Revierförster Alexander Schmidt
08020 / 905713-25
Wälder: Deisenhofen, Dietramszell, Hohenbrunn,
Hohenlinden, Lerchenau (Härtelwald), Nantesbuch,
Obergrashof, Schwarzenbergalm, Schwarzhölzl,
Trudering und Rockinger Park

Revierförster Josef Wöhrle
Telefon 089 / 8573337
Wälder: Forst Kasten,
Jesenwang, Moosschwaige

Revierförster Franz Gerner und Wolfgang Metz
Telefon 08020 / 905713-26 und 08020 / 905713-28
Wälder: Taubenberg, Gotzing, Mangfalltal

Revierförster Ernst Barthels
Telefon 08020 / 905713-30
Wälder: Aumühle-Kloster Schäftlarn,
Leitzachtal-Seehamer See, Moosburg,
Puppling, Valley

REVIERFÖRSTEREIEN IN KÖLN

Forstbetriebsbezirk linksrheinischer Wald
forstrevier-weiler@stadt-koeln.de
Telefon 0221/799520

Forstbetriebsbezirk rechtsrheinischer Wald
forstrevier-duennwald@stadt-koeln.de
Telefon 0221/601307

REVIERFÖRSTEREIEN IN FRANKFURT AM MAIN

Försterei Oberrad
Telefon 069/96860110

Försterei Sachsenhausen
Telefon 06102/432705

Försterei Niederrad
Telefon 069/96741570

Försterei Goldstein
Telefon 069/66119474

Försterei Schwanheim
Telefon 069/35353542

Försterei Fechenheim
Telefon 069/40800605

EHRENKODEX WASSERSPORT

Hier findest du im Original-Wortlaut die »10 Goldenen Regeln«, die alle Wassersportverbände auf Anregung des Bundesverkehrsministeriums für den Bereich der an Bundeswasserstraßen grenzenden Naturschutzgebiete erarbeitet haben:

// Meiden Sie das Einfahren in Röhrichtbestände, Schilfgürtel und in allen sonstigen dicht und unübersichtlich bewachsenen Uferpartien. Meiden Sie darüber hinaus Kies-, Sand- und Schlammbänke (Rast- und Aufenthaltsplatz von Vögeln) sowie Ufergehölze. Meiden Sie auch seichte Gewässer (Laichgebiete), insbesondere solche mit Wasserpflanzen.

// Halten Sie einen ausreichenden Mindestabstand zu Röhrichtbeständen, Schilfgürteln und anderen unübersichtlich bewachsenen Uferpartien sowie Ufergehölzen, auf breiten Flüssen beispielsweise 30 bis 50 Meter. Halten Sie einen ausreichenden Mindestabstand zu Vogelansammlungen auf dem Wasser, wenn möglich mehr als 100 Meter.

// Befolgen Sie in Naturschutzgebieten unbedingt die geltenden Vorschriften. Häufig ist Wassersport in Naturschutzgebieten ganzjährig, mindestens zeitweise, völlig untersagt oder nur unter ganz bestimmten Bedingungen möglich. Beachten Sie die Befahrungsregelungen.

// Nehmen Sie in »Feuchtgebieten internationaler Bedeutung« bei der Ausübung des Wassersports besondere Rücksicht. Diese Gebiete dienen als Lebensstätte seltener Tier- und Pflanzenarten und sind daher besonders schutzbedürftig.

// Benutzen Sie beim Landen die dafür vorgesehenen Plätze oder solche Stellen, an denen sichtbar kein Schaden angerichtet werden kann.

// Nähern Sie sich auch von Land her nicht Schilfgürteln und der sonstigen dichten Ufervegetation, um nicht in den Lebensraum von Vögeln, Fischen, Kleintieren und Pflanzen einzudringen, um diese zu gefährden.

// Laufen Sie im Bereich der Watten keine Seehundbänke an, um die Tiere nicht zu vertreiben oder zu stören. Halten Sie mindestens 300 bis 500 Meter Abstand zu Seehundliegeplätzen und Vogelansammlungen und bleiben Sie hier auf jeden Fall in der Nähe markierten Fahrwassers. Fahren Sie hier mit langsamer Fahrstufe.

// Beobachten und fotografieren Sie Tiere möglichst nur aus der Ferne.

// Helfen Sie, das Wasser sauber zu halten. Abfälle gehören nicht ins Wasser, insbesondere nicht der Inhalt von Chemietoiletten. Diese Abfälle müssen genauso wie Altöl in bestehende Sammelstellen der Häfen abgegeben werden. Benutzen Sie in Häfen selbst ausschließlich die sanitären Anlagen an Land. Lassen Sie beim Stillliegen den Motor Ihres Bootes nicht unnötig laufen, um die Umwelt nicht zusätzlich durch Lärm und Abgase zu belasten.

// Machen Sie sich diese Regeln zu eigen, informieren Sie sich vor Ihren Fahrten über die für Ihr Fahrgebiet geltenden Bestimmungen. Sorgen Sie dafür, dass diese Kenntnisse und Ihr eigenes vorbildliches Verhalten gegenüber der Umwelt auch an die Jugend und vor allem an nicht organisierte Wassersportler weitergegeben werden. An kleinen Gewässern mit angrenzenden Naturschutzgebieten betrachtet der Deutsche Kanu-Verband die Wasserwanderwege als Wanderwege im Sinne der Naturschutzgesetze und -verordnungen. Ein Verlassen der Wasserwanderwege, d.h. Anlanden usw. ist hier selbstverständlich nicht gestattet.

FOTONACHWEISE

Cover: Dudarev Mikhail/*www.shutterstock.com*
17: Simon Schneider
18, 27, 42, 45, 57, 68, 71, 78, 86, 88, 98, 107, 108, 109, 110, 114, 131, 138, 145,
151: Torsten Kollmer / *www.torsten-kollmer.de, www.hafenbude.de*
28: Kanit Teebet/*www.shutterstock.com*
33, 34, 35, 65, 101, 115: Kai Hattermann / *www.filetroyal.com*
48: netsign33/*www.shutterstock.com*
50, 269: everst/*www.shutterstock.com*
72, 80, 81, 94, 97, 121, 122, 124, 127, 128, 129, 132, 227: Christo Foerster
85: Amazonas GmbH / *www.amazonas.eu*
90: Haglöfs / *www.haglofs.com*
102: Anfibio Packrafting / *www.anfibio.de*
117: Andrew Mayovskyy /*www.shutterstock.com*
140: Bogdan Sonjachnyj / *www.shutterstock.com*
142: Presslab / *www.shutterstock.com*
145: LightField Studios / *www.shutterstock.com*
162: lumen-digital / *www.shutterstock.com*
166, 235: Kay Wiegand / *www.shutterstock.com*
177: hanohiki / *www.shutterstock.com*
180: Marcus Krauss / *www.shutterstock.com*
191: Megamarsch / *www.megamarsch.de*
194: Steidi / *www.shutterstock.com*
198: servickuz / *www.shutterstock.com*
204: Asvolas / *www.shutterstock.com*
206: Stefan Schurr / *www.shutterstock.com*
214: JensHN / *www.shutterstock.com*
217: Nattee Chalermtiragool / *www.shutterstock.com*
220: TDway / *www.shutterstock.com*
224: Screeny / *www.shutterstock.com*
230: frederikloewer / *www.shutterstock.com*
232: RossHelen / *www.shutterstock.com*
239: Rainer Lesniewski / *www.shutterstock.com*
246: travelview / *www.shutterstock.com*
248: ntonkova / *www.shutterstock.com*
254: Patrick BP / *www.shutterstock.com*
257: Lencer, verwendet unter der Creative-Commons-Lizenz „cc by-sa",
https://creativecommons.org/licenses/by-sa/3.0/legalcode
266: EpicStockMedia / *www.shutterstock.com;*
Karten 165, 167, 169, 171, 173, 184, 186, 188, 189, 191, 202, 203, 205, 207, 209,
219, 220, 222, 223, 225, 236, 238, 240, 241 © OpenStreetMap-Mitwirkende /
www.openstreetmap.org, Artwork: Denise Meinhardt

DANKSAGUNG

Ein Projekt wie *Raus und machen* auf die Beine zu stellen und ein Buch wie dieses zu schreiben macht unglaublich Spaß, erfordert aber auch viel Herzblut. Vor allem aber funktioniert es nicht ohne Unterstützung. Ich habe das Glück, von vielen Menschen mehr Support zu bekommen, als ich mir wünschen kann. Einigen möchte ich hier ganz besonders dafür danken:

// Meiner Frau Anja und meinen beiden Kindern Siri und Luke, die mich immer wieder losziehen lassen, um Abenteuer vor der Haustür zu erleben, die selbst so viele Ideen dafür mitbringen und die nie müde werden, einfach da zu sein.

// All den Menschen, die auf *Facebook* und *Instagram* ihre Draußen-Momente über den Hashtag *#rausundmachen* teilen und damit – sowie mit ihren Kommentaren und Nachrichten – die Mikroabenteuer-Community auf diesen Kanälen zum Leben bringen. Ich bin schon jetzt gespannt auf das, was da in den nächsten Wochen und Monaten von euch kommt.

// Artjom Distel und seiner Frau Claudia für die unfassbar treue, weitsichtige und leidenschaftliche Unterstützung in allen Dingen, die sich auch nur im Entferntesten damit befassen, Inhalte und Informationen online sichtbar zu machen und die frohe Botschaft der Draußen-Motivation dorthin zu tragen, wo sie gehört und gesehen wird.

// Meinem Freund und »Hausfotografen« Torsten Kollmer, der unsere Mikroabenteuer nicht nur oft mit seinen Adleraugen begleitet und großartige Fotos davon macht, sondern auch immer mit verrückten Ideen um die Ecke kommt. Torsten ist übrigens Geschäftsführer der Werbeagentur *Hafenbude* in Ostfriesland. Ein toller Laden! *www.hafenbude.de*

// Meinem langjährigen Freund Kai Hattermann, mit dem ich im Sommer 2017 zwei unvergessliche Tage in der Eifel erleben durfte – und der daraus den so intensiven Kurzfilm *Am besten draußen* gemacht hat. Wer immer irgendwann einmal einen Filmemacher sucht, der für das, was er tut, so richtig brennt – Kai is the man. *www.filetroyal.com*

// Allen, die mich auf meinen Mikroabenteuern bislang begleitet haben, und denen, den ich dabei begegnen durfte. Ganz besonders Benedikt Auer, Mareike Engelberg und Tony Rockoff. Außerdem Philipp Heindl vom *Freerider Shop* in Hamburg für die Unterstützung mit Boards und Material.

// Zu guter Letzt natürlich dem Abenteurer, Autor und Bruder im Geiste, Alastair Humphreys, »Erfinder« des englischen Begriffs Microadventure, für die Inspiration – und seinen Segen: »Well done!«, schrieb Alastair mir erst kürzlich in Bezug auf dieses Buch.

Danke!

ÜBER DEN AUTOR

Christo Foerster ist Motivationstrainer, Autor und Abenteurer. Nach dem Studium an der *Deutschen Sporthochschule Köln* und der Ausbildung an der *Berliner Journalistenschule* arbeitete er einige Jahre als Redakteur und Sportchef bei der Zeitschrift *Fit for Fun*. Später war er Chefredakteur der Zeitschrift *Men's Fitness*. Auch heute ist er noch als freier Autor für Zeitschriften tätig, unter anderem für das Abenteuermagazin *Freemen's World*. Christo Foerster ist außerdem ausgebildeter systemischer Coach und hält Vorträge zu den Themen Motivation, Persönlichkeitsentwicklung und Abenteuer.

2015 und 2016 sind seine Bücher *Neo Nature* und *Dein bestes Ich* im Gabal-Verlag erschienen. 2017 rief Christo Foerster das Mikroabenteuerprojekt *Raus und machen* ins Leben, mit dem er mittlerweile Tausende Menschen weltweit inspiriert. Der gebürtige Berliner lebt mit seiner Frau, einer Tochter und einem Sohn in Hamburg.

www.christofoerster.com

2.6.20 1 h Barfuss im Wald gegangen